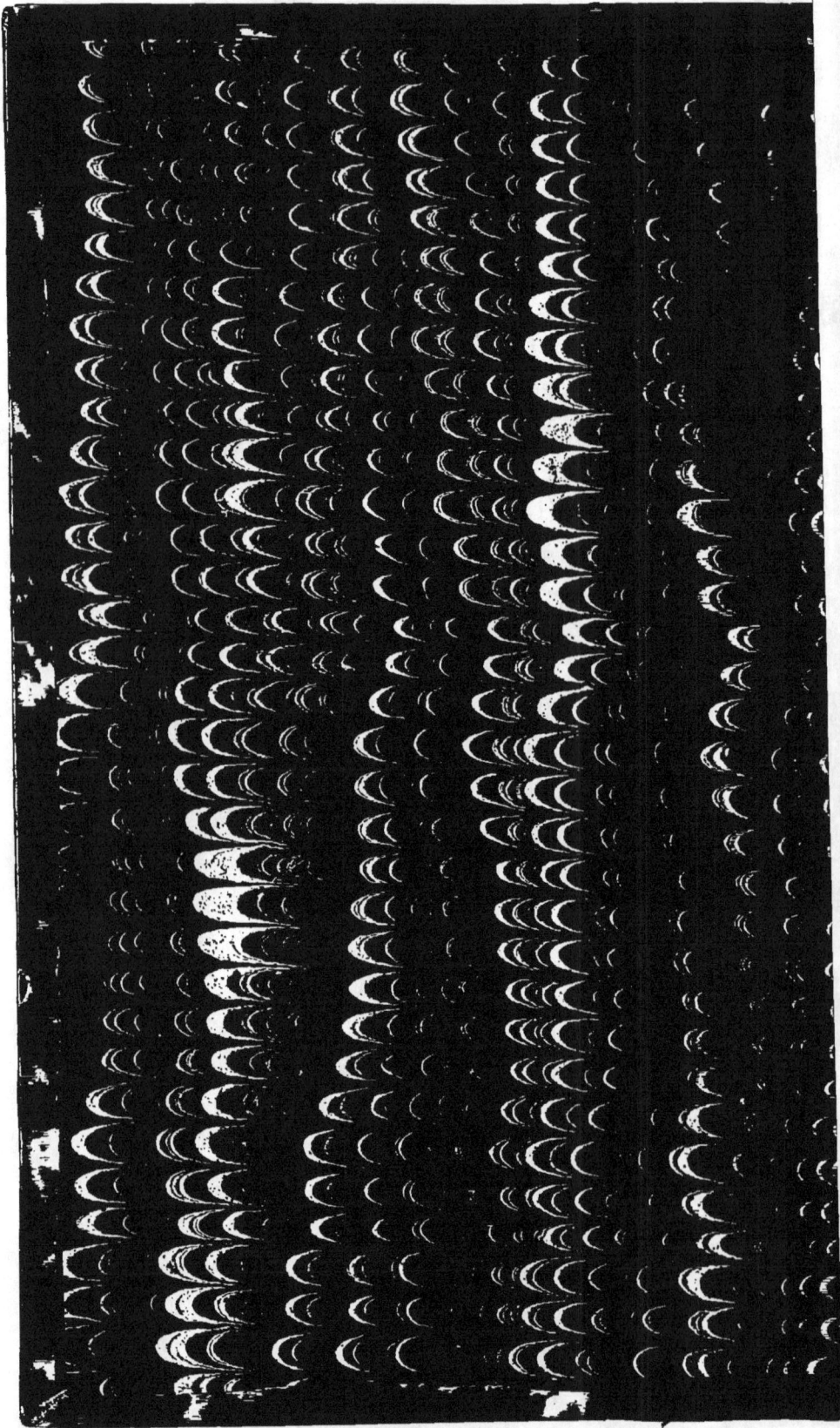

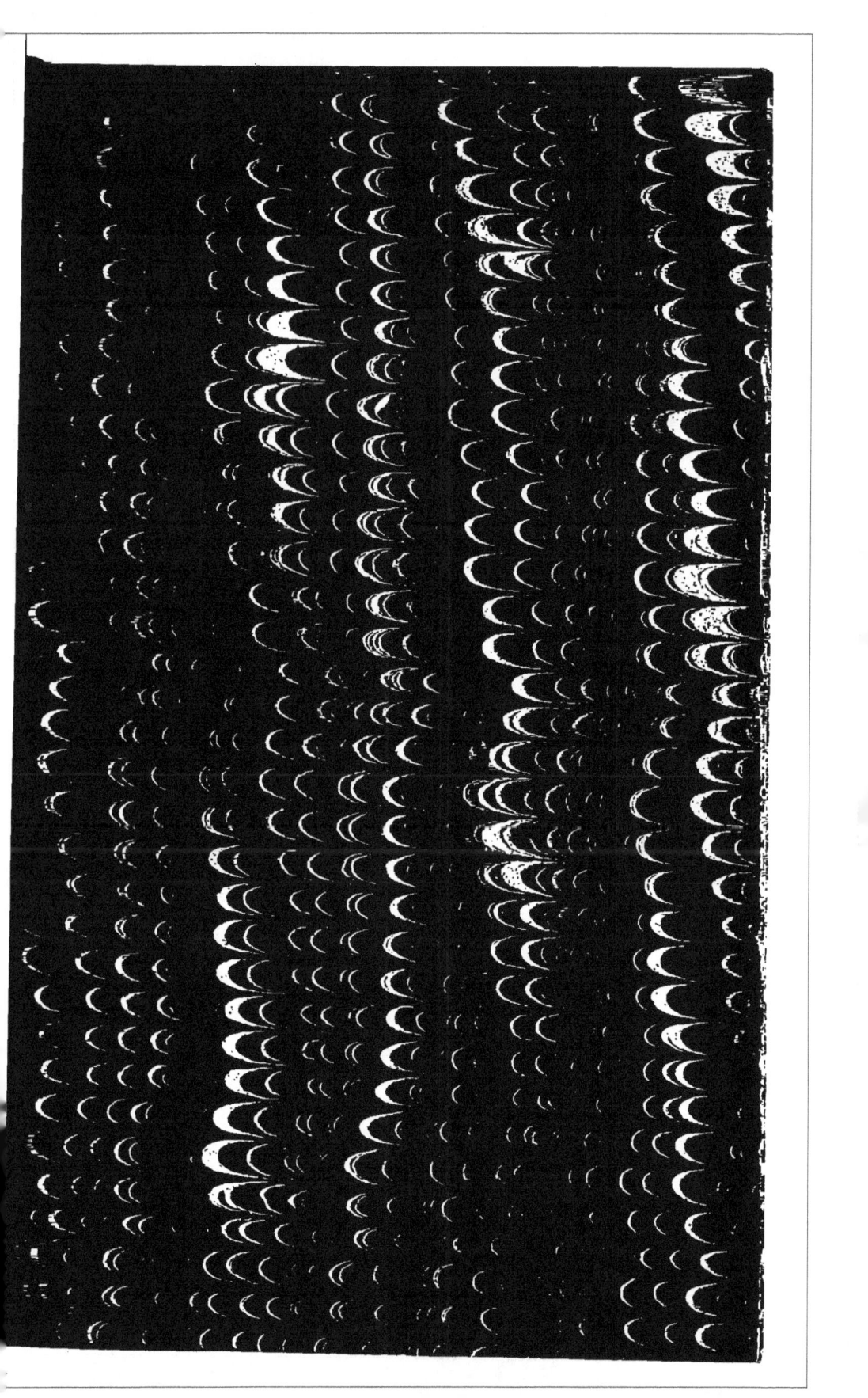

LIVRET

DE L'ÉCOLE

DES CHARTES

PUBLIÉ PAR

LA SOCIÉTÉ DE L'ÉCOLE DES CHARTES

———— ✳ ————

PARIS

LIBRAIRIE D'ALPHONSE PICARD

Rue Bonaparte, 82

———

M DCCC LXXIX

LIVRET

DE

L'ÉCOLE DES CHARTES.

Imprimerie Gouverneur, G. Daupeley à Nogent-le-Rotrou.

LIVRET

DE

L'ÉCOLE DES CHARTES

PUBLIÉ PAR

LA SOCIÉTÉ DE L'ÉCOLE DES CHARTES

PARIS

LIBRAIRIE D'ALPHONSE PICARD

Rue Bonaparte, 82

M DCCC LXXIX

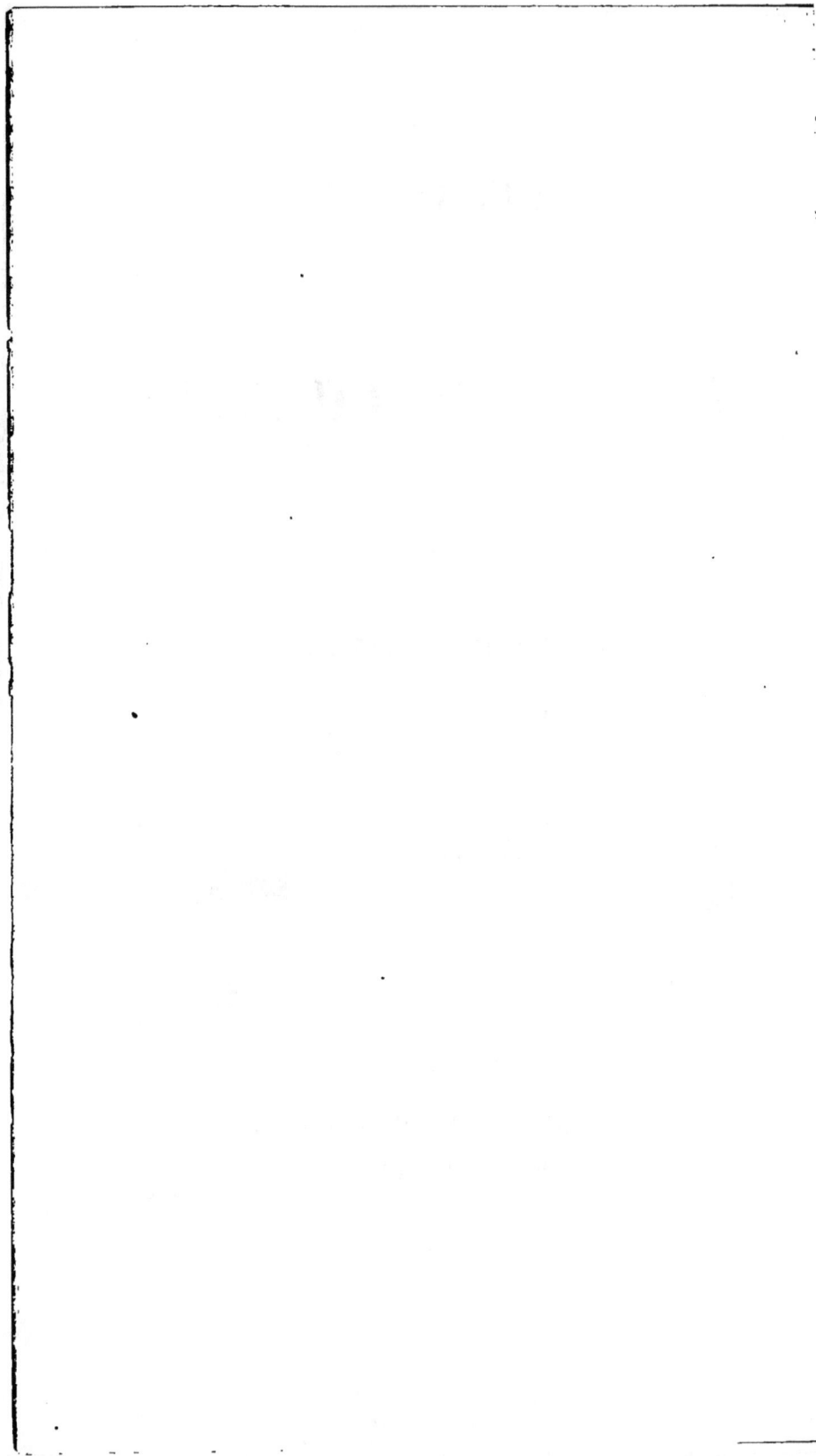

LIVRET

DE

L'ÉCOLE DES CHARTES.

I.

NOTICE HISTORIQUE SUR L'ÉCOLE DES CHARTES.

L'École des chartes est aux sciences historiques ce que peuvent être à la fois, aux sciences mathématiques, l'École polytechnique et l'une des écoles spéciales ou d'application. L'enseignement de cette École, qui réunit la pratique à la théorie, a pour objet l'étude approfondie des sources de notre histoire, et la mise en œuvre des matériaux de tout genre que nous ont laissés les siècles antérieurs. Le but de l'institution est de former des érudits, et plus spécialement des archivistes, des bibliothécaires, des auxiliaires de l'Académie des inscriptions, etc.

Dès les premières années de ce siècle, on comprit combien la suppression des ordres religieux, et en particulier de la congrégation de Saint-Maur, était préjudiciable au progrès des sciences historiques. En 1807, le ministre de l'intérieur, M. de Champagny, duc de Cadore, proposa à l'Empereur, dans un Rapport sur les moyens d'encourager la culture des lettres, de créer *une espèce de nouveau Port-Royal,* où des savants âgés formeraient aux travaux de

1

l'érudition des jeunes gens distingués par leurs études et portés par un goût spécial vers les sciences historiques[1].

Napoléon approuva l'idée, mais demanda de plus grands développements[2]. Peu de temps après, le ministre lui soumit un plan plus détaillé[3]. L'auteur de ce projet était M. le baron de Gérando, secrétaire général du ministère de l'intérieur, qui dès cette époque avait conçu l'idée de la création d'une *École des chartes*[4]. Dans un rapport du 18 mars 1807[5], le ministre proposait en outre à l'Empereur la création d'une école spéciale d'histoire de France : « Le goût de l'érudition s'est affaibli parmi nous, disait « le ministre, à mesure que celui des productions frivoles « s'est développé. Les grandes recherches ne sont plus « entreprises. Cet enseignement pourrait embrasser quel-« ques parties de la biographie, de l'archéologie. Il ferait « mieux observer les révolutions de la langue. Il protégerait « le maintien des traditions. Il rendrait à l'étude quelques « débris précieux de notre ancienne littérature. »

L'Empereur fit quelques modifications à ce nouveau projet du ministre. Dans des observations dictées au château de Finckenstein, le 19 avril 1807, il reconnaît la possibilité et l'utilité d'une école spéciale d'histoire et de géographie : « La manière de lire l'histoire est, à elle « seule, une véritable science... La connaissance et le « choix des bons historiens, des bons mémoires du temps, « est une connaissance utile et réelle. Si dans une grande

1. Voy. *Bibl. de l'Ecole des chartes*, 2ᵉ série, t. IV, p. 155 et s. — Voy. aussi le discours de M. Letronne, directeur de l'École des chartes, à la séance solennelle d'inauguration du 5 mai 1847; *ibid.*, t. III. p. 450 et suiv.

2. Voy. la note en date du 7 mars 1807, au camp impérial d'Osterode; *Bibl. de l'Ecole des chartes*, 2ᵉ série, t. IV, p. 156.

3. *Ibid.*, p. 159, 160 et 161.

4. Voy. une lettre du 6 avril 1839; *ibid.*, 1ʳᵉ série, t. I. p. 23, dont nous donnons des extraits plus loin, p. 71.

5. *Bibl. de l'Ecole des chartes*, 2ᵉ série. t. IV, p. 157 et 158.

« capitale comme Paris il y avait une école spéciale d'his-
« toire et que l'on y fit d'abord un cours de bibliographie,
« un jeune homme, au lieu d'employer des mois à s'égarer
« dans des lectures insuffisantes ou dignes de peu de
« confiance, serait dirigé vers les meilleurs ouvrages; il
« arriverait plus facilement et plus promptement à une
« meilleure instruction... On placerait au premier rang
« l'histoire de la législation : le professeur aurait à remonter
« jusqu'aux Romains, et à descendre de là, en parcourant
« les différents âges des rois de France, jusqu'au Code
« Napoléon. Le second serait occupé par l'histoire de l'art
« militaire : de quel intérêt ne serait-il pas, par exemple,
« de connaître les moyens employés à diverses époques
« pour l'attaque et la défense des places de notre terri-
« toire! » A côté des chaires d'histoire proprement dite,
l'Empereur voulait encore qu'on établît une chaire d'histoire littéraire et critique [1]. — Cette école aurait été
établie au Collége de France. Un projet de décret, du
2 avril 1807, annonçait un règlement déterminant « les
« époques et la forme des exercices publics qui seront
« donnés par les professeurs, et les conditions auxquelles
« sera soumise l'admission des élèves [2]. » Les événements
empêchèrent la réalisation de ces projets.

Ce ne fut que douze années plus tard, vers la fin de
1820, que M. de Gérando put proposer de nouveau à M. le
comte Siméon, alors ministre de l'intérieur, la création
d'une École des chartes [3]. Le ministre accueillit cette idée
avec empressement, et chargea M. de Gérando de la déve-
lopper par écrit. Le travail du savant publiciste établissait
un institut qui, sur des bases moins larges que celui de
1807, était cependant encore digne de la France et des

1. *Bibl. de l'Ecole des chartes,* 2ᵉ série, t. IV, p. 157 et 165.
2. *Ibid.,* p. 158.
3. Voy. plus loin, p. 72.

études qu'il était appelé à fonder [1]. Cette fois encore, le projet de M. de Gérando ne put être mis à exécution.

M. le comte Siméon n'en persista pas moins dans l'idée de doter le pays d'une création utile, qui sera certainement l'un des actes les plus honorables de son administration. Au mois de février 1821, il soumit au roi Louis XVIII un rapport, où il insistait sur la nécessité de former des jeunes gens à la lecture et à la critique des textes du moyen âge [2]. C'est à la suite de ce rapport qu'une ordonnance royale du 22 février 1821 institua l'École des chartes. Cet établissement n'était point destiné, comme on l'a prétendu, à venir en aide à la commission du sceau, mais bien, comme le porte le préambule de l'ordonnance, « à ranimer un genre d'études indispen- « sable à la gloire de la France, et à fournir à l'Académie « des inscriptions et belles-lettres tous les moyens néces- « saires à l'avancement des travaux confiés à ses soins. » Deux professeurs devaient enseigner la lecture et l'interprétation des manuscrits du moyen âge à douze élèves nommés par le ministre de l'intérieur sur la présentation de l'Académie des inscriptions. L'un des cours se faisait à la Bibliothèque Royale, l'autre aux Archives du Royaume [3].

Le 5 mars 1821, le ministre de l'intérieur nomma professeurs de l'École M. l'abbé Lespine, employé au département des manuscrits de la Bibliothèque Royale, et M. Pavillet, chef de la section historique des Archives du Royaume.

Le 11 mai suivant, l'Académie présenta douze candidats pour les six places d'élèves pensionnaires qui devaient composer la section de la Bibliothèque. Le ministre

1. Nous donnons le texte de ce projet plus loin, p. 72.
2. Voy. plus loin, p. 74.
3. Voy. plus loin, p. 73.

choisit six élèves, et le cours s'ouvrit le 1er juillet 1821.
Celui des Archives ne commença qu'au mois de février
1822; il fut suivi par six élèves nommés par le ministre
sur la présentation de l'Académie.

L'ordonnance de 1821 était si incomplète, qu'elle ne
fixait pas même la durée de la pension et des cours. Une
ordonnance contre-signée par M. de Corbière, et datée du
16 juillet 1823, y pourvut, en la bornant à deux années.
La même ordonnance porte qu'après ce terme, les élèves
seront renouvelés conformément aux dispositions de l'ordonnance de 1821 [1].

Le 19 décembre 1823, l'Académie présenta une nouvelle
liste de candidats; le 9 janvier 1824, le ministre lui écrivit
au sujet de cette liste, et demanda en même temps de lui
faire connaître les améliorations à introduire dans l'institution de l'École des chartes. L'Académie chargea une
commission spéciale, composée de MM. de Gérando,
Walckenaër, Daunou, Silvestre de Sacy et de Bétencourt,
de lui soumettre un projet de réorganisation pour cette
École [2], et ce projet, adopté dans la séance du 23 janvier
1824, fut le même jour adressé officiellement au ministre.
Malheureusement M. de Corbière ne donna aucune suite
aux propositions de l'Académie, et s'abstint, contrairement aux dispositions de l'ordonnance qu'il avait fait
rendre quelques mois auparavant, de nommer des élèves
pensionnaires; il pourvut toutefois au remplacement de
M. Pavillet, mort au mois d'août 1823, et lui donna pour
successeur, le 7 octobre de la même année, M. Ponsard,
chef de la section historique des Archives. Bientôt après,
il autorisa les deux professeurs à admettre des élèves
auditeurs bénévoles et sans traitement.

1. Voy. plus loin, p. 76.
2. Voy. le procès-verbal de la séance de l'Académie du 9 janvier 1824, *Bibl.
de l'École des chartes*, 1re série, t. I, p. 28.

Avec une organisation aussi défectueuse, l'École ne pouvait tarder à tomber d'elle-même; elle tomba, en effet, mais non sans avoir formé des élèves distingués, dont plusieurs ont conquis des places éminentes dans le domaine de la science.

L'idée de M. de Gérando ne devait cependant pas périr. L'École créée sur sa proposition en 1821 fut rétablie en 1829, par l'influence de M. Rives, alors directeur du personnel au ministère de l'Intérieur. Après avoir consulté le garde des Archives du Royaume et l'inspecteur général des bibliothèques [1], M. Rives rédigea un projet, qu'il soumit à M. Dacier [2], et qui servit de base à un rapport du comte de la Bourdonnaye, ministre de l'intérieur [3], et à une ordonnance du roi Charles X, en date du 11 novembre 1829 [4].

D'après cette ordonnance, l'enseignement de l'École des chartes se composait d'un cours élémentaire d'une année aux Archives du Royaume, et d'un cours supérieur de diplomatique et de paléographie qui durait deux ans, et se faisait à la Bibliothèque Royale. Ces cours ne commençaient que tous les deux ans. Il suffisait, pour être admis à l'École, d'avoir dix-huit ans révolus et d'être pourvu du diplôme de bachelier ès-lettres. Six ou huit élèves seulement étaient, à la suite d'un concours, admis à passer en seconde année, avec le titre d'élèves pensionnaires. Pendant les deux ans que durait le cours supérieur, ils devaient recevoir une pension de 800 francs, participer aux travaux d'ordre et de classification de la Bibliothèque

---

1. Les archives de la Société de l'École des chartes renferment une copie des notes adressées à M. Rives par M. Delaruc, garde général. Voy. l'indication dans la *Bibl. de l'Ecole des chartes,* 1re série, t. 1, p. 6 et 28.

2. Voy. *ib.,* p. 28 et 29, la lettre de M. Rives à M. Dacier, et la réponse de M. Dacier.

3. Voy. plus loin, p. 76.

4. Voy. plus loin, p. 78.

et des Archives, et publier le résultat de leurs travaux dans deux recueils imprimés gratuitement par l'Imprimerie Royale, et intitulés, l'un : *Bibliothèque de l'École royale des chartes*, l'autre : *Bibliothèque de l'histoire de France*. A la sortie de l'École, les élèves qui en étaient jugés dignes recevaient un diplôme d'archiviste-paléographe, qui leur assurait, par préférence à tous autres candidats, la moitié des emplois vacants dans les bibliothèques publiques, — la Bibliothèque Royale exceptée [1], — les Archives du Royaume et les divers dépôts littéraires. — Une commission composée du secrétaire perpétuel et de deux membres de l'Académie des inscriptions, de trois conservateurs de la Bibliothèque Royale et du garde des Archives était chargée de surveiller l'enseignement de l'École et de faire les examens.

L'enseignement était donc à la fois étendu et fortifié ; des encouragements étaient offerts aux élèves laborieux, des carrières honorables étaient ouvertes à leur émulation : tels étaient les bienfaits par lesquels l'ordonnance de 1829 voulait assurer l'existence de l'École des chartes.

Les cours commencèrent le 2 janvier 1830 à la Bibliothèque et aux Archives. — Le 13 octobre suivant, M. Guizot, ministre de l'intérieur, décida que le cours élémentaire se ferait désormais à la Bibliothèque comme celui de diplomatique et de paléographie. — Par un autre arrêté du même jour, il confirma l'abbé Lespine dans ses fonctions de professeur, et nomma à la seconde chaire M. Champollion-Figeac.

Le 17 novembre suivant, M. de Montalivet, ministre de l'intérieur, par un arrêté destiné à remplacer un arrêté provisoire de M. de Montbel son prédécesseur, fixa le mode

---

1. On ne peut bien comprendre cette exception qu'en se reportant à une lettre de M. Dacier à M. Rives (*Bibl. de l'École des chartes*, 1re série, t. 1, p. 20). et à la lettre de M. de Gérando (plus loin, p. 71). Voy. l'art. 15 de l'ord. du 22 février 1839, p. 99.

d'inscription des élèves, la durée des cours et l'ordre des études [1]. Les formes du concours pour l'admission des élèves pensionnaires furent réglées par la commission de l'École dans la séance du 26 novembre.

Le premier professeur de l'Ecole, l'abbé Lespine, ne survécut que peu de temps à la réorganisation qu'il avait appelée de tous ses vœux. Il fut enlevé à la science au commencement de février 1831, et remplacé par un élève de l'ancienne école, **M. Guérard.**

L'année suivante, les réclamations de l'Académie des inscriptions firent rapporter celle des dispositions de l'ordonnance de 1829 qui semblait la plus propre à stimuler le zèle des élèves et à leur donner l'habitude des travaux d'érudition : une ordonnance du 1er mars 1832 supprima les deux ouvrages dont la publication devait leur être confiée [2]. Comme dédommagement, on les chargeait de la continuation de la table chronologique des diplômes ; mais l'Académie des inscriptions ne tarda pas à prendre elle-même la direction de ce travail. Les dispositions qui attribuaient certains emplois aux archivistes-paléographes ne furent rapportées par aucune décision ultérieure; toutefois on n'en tint jamais compte.

M. Guizot, pendant qu'il fut au ministère de l'instruction publique, se plut à témoigner sa sollicitude pour l'École; mais ses intentions furent contrariées par les circonstances. En 1834, la Chambre lui refusa quatre pensions de 1,000 fr. pour des archivistes-paléographes. L'année suivante, l'Académie négligea de déférer à l'invitation que le ministre lui avait adressée d'examiner l'organisation de l'École [3].

1. Voy. *Bibl. de l'École des chartes,* 1re série, t. I. p. 33. Les bases de cet arrêté sont empruntées à un rapport de M. Pardessus, en date du 4 décembre 1829, dont un extrait se trouve *ibid.,* p. 33 et suiv.

2. Voy. plus loin, p. 98.

3. Voy. *Bibl. de l'Ecole des chartes,* 1re série. tome I, p. 13 et 42.

Malgré tous ces obstacles, l'École a vécu et grandi depuis 1829 jusqu'en 1846. Elle a formé, durant cette période, des élèves qui, en associant leurs efforts et leurs travaux, ont fini par démontrer qu'ils pouvaient rendre à l'érudition des services analogues à ceux qu'elle reçut jadis des Bénédictins. Grâce à leurs publications, le public éclairé s'intéressa visiblement à une École dont l'existence paraissait intimement liée aux progrès des études historiques. Dans les sessions parlementaires de 1844, 1845 et 1846, plusieurs députés, parmi lesquels nous aimons à citer MM. Ferdinand de Lasteyrie, Taillandier, Genty de Bussy et de Golbéry, élevèrent la voix en faveur de l'École : ils réclamèrent pour les archivistes-paléographes l'exécution de l'ordonnance de 1829, et firent parfaitement ressortir la nécessité de reconstituer l'École sur des bases plus larges.

M. le comte de Salvandy partageait entièrement ces idées. Le 31 décembre 1846, il fit signer au roi l'ordonnance qui a réorganisé l'École, et que nous analyserons en exposant l'état actuel de cette institution.

Peu de temps après, le ministre pourvut aux nouveaux emplois créés par l'ordonnance du 31 décembre. A une exception près, tous ses choix portèrent sur d'anciens élèves de l'École; il nomma : MM. Lacabane et Guérard, professeurs; M. Quicherat, sous-directeur des études; MM. Guessard, Vallet de Viriville et de Rozière, professeurs auxiliaires ou répétiteurs; M. de Mas-Latrie, secrétaire-trésorier. — M. Letronne, garde général des Archives du Royaume, fut nommé directeur.

La nouvelle École fut inaugurée le 5 mai 1847; dans deux discours également applaudis, M. de Salvandy et M. Letronne firent connaître le but de l'École, en retracèrent l'histoire, constatèrent les brillants résultats déjà obtenus, et signalèrent ceux que l'on pouvait attendre de la nouvelle organisation.

A peine inaugurée, la nouvelle École eut à défendre son existence : à l'Assemblée Constituante de 1848, la commission du budget voulut la ramener à l'état si défectueux d'où l'ordonnance de 1846 l'avait fait sortir. M. Audren de Kerdrel défendit l'institution menacée, et démontra si clairement l'utilité de la nouvelle organisation, que l'Assemblée rejeta la réduction proposée. En 1850, une autre commission du budget présenta de nouveau l'idée d'une réduction sous une autre forme. Elle demandait la suppression du traitement du secrétaire-trésorier ; mais l'Assemblée législative, se rendant aux justes observations de M. Wallon, vota sans diminution la somme portée au budget depuis 1846. L'École devait courir plus tard un nouveau péril, plus menaçant pour elle, car elle faillit être atteinte dans l'un des rares priviléges qui sont la raison de son existence.

Un décret du 4 février 1850, conçu dans l'intérêt de l'École et des Archives départementales, portait la disposition suivante :

« A l'avenir, les archivistes des départements devront être choisis parmi les élèves de l'École des chartes, et, à défaut, parmi les personnes qui auront reçu un certificat d'aptitude délivré, après examen, par une commission que le ministre de l'intérieur est chargé d'organiser. »

Ce décret, malgré plusieurs violations regrettables, n'avait point cessé d'être en vigueur, quand l'École fut menacée de le voir abroger par une disposition du projet de loi sur l'organisation départementale, soumis à l'Assemblée nationale de 1871. Mais M. Audren de Kerdrel, M. Louis Passy, M. Jules Simon et d'autres défenseurs de l'École réussirent à faire passer un paragraphe additionnel qui donne une force nouvelle au décret du 4 février 1850, et sauvegarde à la fois les intérêts de l'École des chartes et ceux des Archives départementales.

Les ministres, sous l'administration desquels l'École a

été placée depuis 1846, n'ont jamais cessé de lui témoigner une vive sympathie, de l'encourager et de la soutenir autant qu'il était en leur puissance. Regrettant de ne pouvoir la doter aussi dignement qu'elle le mérite, ils ont au moins essayé de combler plusieurs lacunes dans son organisation intérieure, afin qu'elle fût mieux en rapport avec l'importance des études qu'elle représente en France. Ils ont, sur l'avis du conseil de perfectionnement, modifié les règlements relatifs aux examens et aux thèses des élèves, supprimé des titres sans signification, que d'anciens arrêtés donnaient aux professeurs, ainsi que des divisions par classe inutilement établies parmi eux ; ils ont réorganisé l'enseignement et attribué à chaque chaire un programme plus réel, mieux défini. On trouvera sur ces matières plusieurs arrêtés et décrets aux pièces justificatives.

La situation des élèves a été également améliorée : chaque année la bibliothèque, mise à leur disposition, s'est développée, grâce au concours du ministère de l'Instruction publique et à la générosité de quelques donateurs ; le fonds des fac-simile, heureusement approprié à l'enseignement, forme une collection aussi riche par le nombre que par la variété des pièces. Les bourses sont mieux réparties qu'elles ne l'avaient été par l'ordonnance de 1846 ; en effet, l'art. 16 de cette ordonnance accordait, à la suite de l'examen d'entrée, aux deux premiers élèves admis une bourse de six cents francs qu'ils conservaient pendant les trois années d'études, même lorsqu'ils ne gardaient pas les deux premiers rangs. Ce système détruisait l'émulation et il a bien vite semblé défectueux aux juges les plus compétents ; le décret du 18 octobre 1849 y a remédié en remettant toutes les bourses au concours à la fin de chaque année.

On a dû abroger aussi dans la même ordonnance de 1846 l'art. 18 qui conférait aux archivistes-paléographes nouvellement nommés un traitement fixe de 600 francs, pour leur donner le temps de se pourvoir d'un emploi. Par une omission fâcheuse, aucun terme n'avait été assigné à la jouissance de ce traitement, et le silence de l'ordonnance à cet égard pouvait donner lieu à des abus. Le décret du 14 février 1851 a réparé l'omission commise en 1846, et il a plus équitablement réparti les traitements d'expectative entre les archivistes-paléographes non pourvus d'emploi. Tout récemment, le conseil de perfectionnement, dans des vues très-sages, a décidé de les affecter à la rémunération de travaux qui seront pour les anciens élèves une utile préparation aux fonctions qu'ils auront à exercer plus tard. En conséquence, un décret du 29 août 1873 a modifié ainsi qu'il suit le décret du 14 février 1851 : « Le crédit de 3,600 francs inscrit au budget pour traitement de six archivistes-paléographes, à 600 francs, sera réparti annuellement par le ministre de l'Instruction publique, sur l'avis conforme du conseil de perfectionnement de l'École des chartes, entre des archivistes-paléographes non pourvus d'emploi, qui, pour compléter leurs études, seront temporairement chargés de travaux de classement, d'inventaire ou de catalogue dans les divers dépôts d'archives ou de livres manuscrits. »

D'autres décisions de l'autorité supérieure ont également manifesté la haute estime qu'elle a pour le diplôme d'archiviste-paléographe : un décret du 24 juillet 1863 admet les archivistes-paléographes, licenciés ès-lettres, à se présenter après deux ans d'enseignement, au concours de l'agrégation d'histoire et de géographie. Les trois années d'études qu'ils ont passées à l'École leur sont comptées comme années d'enseignement.

Un décret du 14 octobre 1872 confère à ceux qui sont munis du diplôme de l'École des chartes le droit de prendre part au concours pour la nomination des auditeurs de 2e classe au Conseil d'État.

Enfin l'Assemblée nationale, voulant reconnaître d'une façon éclatante les services que l'École des chartes rend au pays, a compris les élèves de cette école parmi les jeunes gens qui, sous certaines conditions, sont dispensés du service militaire. L'art. 20 de la loi sur le recrutement de l'armée contient la disposition suivante :

« Sont, à titre conditionnel, dispensés du service militaire. . . . .

« 4° Les élèves pensionnaires de l'École des langues orientales vivantes et les élèves de l'École des chartes nommés après examen, à condition de passer dix ans tant dans les dites écoles que dans un service public. »

L'intérêt des professeurs n'a pas moins préoccupé les pouvoirs publics que celui des élèves. Dès 1863, M. Jubinal, dans un discours au Corps législatif, appelait l'attention de l'Assemblée et du gouvernement sur la situation de l'École des chartes ; il cherchait à faire apprécier l'insuffisance des ressources dont cet établissement dispose, soit pour la rétribution des professeurs, soit pour l'entretien des collections, et il demandait l'augmentation du budget de l'École. Il n'obtint en réponse que des paroles flatteuses pour elle. Trois ans plus tard, le 21 juin 1866, M. Eugène Pelletan signalait encore à la Chambre l'insuffisance de l'allocation faite à l'École des chartes : M. Ed. Dalloz appuyait ses observations ; M. E. Picard invitait spirituellement la majorité à renvoyer la proposition de M. Pelletan à la commission. L'École obtint cette fois des promesses ; le gouvernement commença à les réaliser en 1867, et porta le budget de l'École de 37,800 à 45,000 fr. Le gouvernement de la République, appréciant les services que le haut enseignement peut rendre à une grande nation, a porté ce budget à 52,000 fr. Néanmoins, le traitement fait aux professeurs est loin d'être digne du pays qu'ils servent avec tant de succès ; il l'est encore moins de la célébrité que de remarquables travaux ont attachée à leur nom. Le gouvernement le sait, et il doit dans un prochain avenir faire cesser cet état de choses. M. Wallon et M. Waddington se sont fait un devoir d'éclairer à ce sujet la commission du budget, et le rapport fait par M. Bardoux en 1876 sur le budget de l'instruction publique nous autorise à croire qu'on ne tardera pas à mieux doter l'École des chartes, et à la transférer dans un local plus spacieux, mieux éclairé, plus convenable pour les études sérieuses et difficiles auxquelles s'y livre la jeunesse.

Tel est, en résumé, l'historique de l'École des chartes depuis sa fondation. Elle a servi de modèle à plusieurs établissements fondés dans les États étrangers, et elle peut enregistrer dans ses annales bien des faits honorables. Dans les dépôts qui leur sont confiés, les archivistes-paléographes, par leurs recherches quotidiennes et par la publication des inventaires, rendent les plus précieux services; leur collaboration hâte l'achèvement des grands recueils historiques continués ou entrepris par l'Académie des Inscriptions; ils prennent une part active à la publication des documents inédits, soit à Paris, soit dans les départements; ils ont exercé dans plusieurs provinces une remarquable influence sur les études historiques et archéologiques; on les trouve en grand nombre dans les sociétés d'érudition comme dans les corps savants de l'État, et il ne s'écoule plus d'année sans que l'Institut ait à récompenser les travaux d'un ancien élève de l'École des chartes. Les pays étrangers rendent hommage à son enseignement en toute occasion; chaque année ils lui envoient, non seulement des auditeurs libres, mais des élèves qui tiennent à honneur de passer les examens de fin d'année. En 1873, à l'exposition de Vienne, M. le professeur Dr W. Hartel, chargé du rapport officiel de la section des Universités, a consacré à l'École des chartes un paragraphe très-bienveillant, dont nous extrayons les lignes suivantes :

« L'École des chartes compte parmi les meilleures écoles spéciales d'histoire : elle a formé d'excellents archivistes et bibliothécaires aussi bien que d'habiles historiens. Le décret du 30 janvier 1869 a assuré à l'École des chartes une organisation scientifique plus solide et une répartition meilleure de l'enseignement. Les travaux des élèves envoyés à Vienne ont prouvé que la France a droit d'être fière de cette école spéciale. L'excellent état de ses archives et de ses bibliothèques, dont on ne croit pas devoir laisser les titulaires se recruter librement, n'est qu'un des résultats et non le plus important de cette fondation. »

L'École continuera à mériter les sympathies des hommes supérieurs qui, en France comme à l'étranger, veulent bien l'honorer de leur estime. Surveillée par un conseil de perfectionnement, qui est composé des premiers représentants de l'érudition française, dirigée par un homme éminent qui unit la fermeté de l'esprit à la sûreté du savoir, elle développe et fortifie chaque année son enseignement; elle élève le niveau de ses examens et de ses concours; elle s'applique à remplir sévèrement la mission qui lui est confiée, dans l'intérêt de la jeunesse, en vue du bien public, pour la gloire de la France !

II.

ÉTAT ACTUEL DE L'ÉCOLE.

Nous allons faire connaître l'état actuel de l'École des chartes d'après les ordonnances, décrets et règlements en vigueur.

I. ORGANISATION ADMINISTRATIVE DE L'ÉCOLE.

L'École nationale des chartes est établie au palais des Archives nationales, rue des Francs-Bourgeois, 58.

L'École est sous l'autorité d'un directeur et sous la surveillance d'un conseil de perfectionnement.

La tenue des registres, la comptabilité et la conservation des archives et des collections sont confiées à un secrétaire.

Un appariteur est attaché à l'École.

II. ENSEIGNEMENT.

L'enseignement est donné par sept professeurs titulaires.
La durée en est de trois ans.

Il comprend les cours suivants : Paléographie, — Langues romanes, — Bibliographie, classement des Bibliothèques et des Archives, — Diplomatique, — Institutions politiques, administratives et judiciaires de la France, — Droit civil et droit canonique du moyen âge, — Archéologie du moyen âge.

Ces cours ont été répartis ainsi qu'il suit, entre les trois années d'études, par décret du 30 janvier 1869.

Première Année.

Paléographie. — Deux leçons par semaine.

Langues romanes. — Deux leçons par semaine.

Bibliographie et classement des Bibliothèques. — Une leçon par semaine.

Deuxième Année.

Diplomatique française et pontificale. — Deux leçons par semaine.

Institutions politiques, administratives et judiciaires de la France. — Deux leçons par semaine.

Classement des Archives. — Une leçon par semaine.

Troisième Année.

Droit civil et droit canonique du moyen âge. — Deux leçons par semaine.

Archéologie du moyen âge. — Deux leçons par semaine.

III. ENTRÉE A L'ÉCOLE.

Les cours sont publics; mais pour avoir le titre d'élève de l'École des chartes et obtenir ensuite le diplôme d'archiviste-paléographe, il faut satisfaire à différentes conditions.

Les candidats doivent :

1° Être âgés de moins de vingt-cinq ans révolus au 31 décembre de l'année qui précède leur inscription;

2° Produire leur acte de naissance et leur diplôme de bachelier ès-lettres;

3° Se faire inscrire au secrétariat de l'École, du 25 octobre au 5 novembre;

4° Subir un examen d'admission, composé d'une épreuve écrite et d'une épreuve orale;

5° Être présenté par le conseil de perfectionnement à la nomination ministérielle;

6° Être nommé par le ministre.

Tout candidat qui ne remplit pas ces conditions ne peut suivre les cours qu'à titre d'auditeur libre.

IV. EXAMENS DE FIN D'ANNÉE. — THÈSE.

Première année. — Les élèves titulaires qui ont suivi les cours de première année doivent passer un examen devant un jury composé des membres du conseil de perfectionnement et des professeurs. L'examen se compose d'une épreuve écrite et d'une épreuve orale. Le jury dresse par ordre de mérite une liste des élèves qu'il juge aptes à passer en seconde année.

Le ministre accorde pour l'année suivante une bourse de 600 francs aux deux premiers élèves.

Deuxième année. — Les examens ont lieu dans la même forme que ceux de première année. Les trois premiers

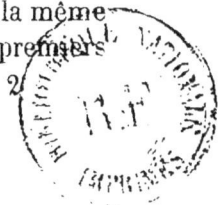

2

élèves portés sur la liste de classement ont droit à une bourse de 600 francs.

Troisième année. — Les examens se font comme les années précédentes, et ont pour objet de déterminer les élèves qui seront admis à soutenir la thèse. Ceux qui sont admis à cette nouvelle épreuve la subissent au mois de janvier suivant.

La thèse porte sur un des sujets qui font partie de l'enseignement de l'École. Le sommaire doit en être imprimé.

Le ministre de l'Instruction publique confère le diplôme d'archiviste-paléographe aux candidats qui sortent avec succès de cette dernière épreuve. Les trois premiers portés sur la liste du jury d'examen obtiennent pour l'année suivante une bourse de 600 francs.

V. DROITS ATTACHÉS AU DIPLÔME D'ARCHIVISTE-PALÉOGRAPHE.

Le diplôme d'archiviste-paléographe donne encore droit :

1° Aux fonctions d'archiviste de département. Ces fonctionnaires doivent être choisis parmi les élèves de l'École et à défaut parmi les personnes auxquelles une commission établie par le ministre de l'intérieur délivre un certificat de capacité (décret du 4 février 1850, non abrogé par le décret du 25 mars 1852) ;

2° Aux fonctions d'archiviste aux Archives nationales concurremment avec les surnuméraires de cet établissement et les archivistes des départements et des communes ayant exercé pendant trois ans au moins (ordonnance du 11 novembre 1829, art. 9 ; ordonnance du 5 janvier 1846, art. 9 ; ordonnance du 31 décembre 1846, art. 19 ; dernier paragraphe) ;

3° Aux fonctions de chef de section aux Archives nationales, concurremment avec les membres de l'Institut et les archivistes de cet établissement (ordonnance du 5 janvier 1846, art. 6) ;

4· Aux fonctions d'employé dans les bibliothèques publiques de l'État, dans la proportion d'une place sur trois vacances (ordonnance du 31 décembre 1846, art. 19);

5° Aux fonctions de professeur titulaire, professeur suppléant, et de secrétaire de l'École des chartes, concurremment avec les membres de l'Institut et les lauréats de l'Académie des inscriptions dans l'ordre des travaux de l'École des chartes (ordonnance du 31 décembre 1846, art. 19);

6° Aux fonctions d'auxiliaire pour les travaux de l'Académie des inscriptions (ordonnance du 31 décembre 1846, art. 19).

Ces auxiliaires sont élus par l'Académie à la majorité des suffrages, et ne peuvent être pris que parmi les archivistes-paléographes.

7° A prendre part aux concours pour l'agrégation de l'enseignement de l'histoire et de la géographie, dans les conditions déterminées par le décret du 24 juillet 1863;

8° A prendre part aux concours pour la nomination des auditeurs de 2e classe au Conseil d'État (décret du 14 octobre 1872, art. 5) ;

9° A devenir membre de l'École française de Rome (décret du 20 novembre 1875);

10° A recevoir en certains cas une subvention.

Un crédit de 3,600 francs, inscrit au budget par décret du 14 février 1851, pour six archivistes-paléographes non pourvus d'un emploi salarié, est actuellement réparti entre des archivistes-paléographes non pourvus d'emploi, qui, pour compléter leurs études, sont temporairement chargés de travaux de classement, d'inventaire ou de catalogue.

VI. CONSEIL DE PERFECTIONNEMENT.

L'ordonnance de 1829 avait institué près de l'École une Commission composée du secrétaire perpétuel et de deux

membres de l'Académie des inscriptions, de trois conservateurs de la Bibliothèque Royale et du garde général des
Archives du Royaume. Pour remplir ces fonctions, l'Académie choisit MM. Pardessus et Daunou ; le Conservatoire
de la Bibliothèque désigna MM. Raoul-Rochette, Abel
Rémusat et de Manne. Dans sa séance du 4 février 1830,
la Commission nomma M. Pardessus président. La même
année, MM. Champollion-Figeac et Naudet entrèrent dans
la Commission : le premier succédait à M. de Manne ; le
second remplaçait M. Daunou, devenu garde des Archives
et dès lors membre de droit. MM. Beugnot et Hase ont été
successivement appelés à en faire partie.

L'ordonnance de 1846 a converti l'ancienne Commission
en un Conseil de perfectionnement dont le directeur général des Archives, l'administrateur général de la Bibliothèque nationale, le directeur de l'École sont membres de
droit ; les autres membres, au nombre de cinq, doivent
appartenir à l'Académie des inscriptions, et sont désignés
par cette compagnie.

Voici la liste des membres du Conseil :

MM. Natalis DE WAILLY, membre de l'Institut, président honoraire.
DELISLE. . . . . membre de l'Institut, président.
MAURY . . . . membre de l'Institut, vice-président.
QUICHERAT . . . . directeur.
PAULIN-PARIS. . . . . . membre de l'Institut.
WALLON . . . . id.
JOURDAIN. . . . . id.
DE ROZIÈRE. . . . . . . id.
THUROT . . . . id.

VII. PERSONNEL DE L'ÉCOLE.

Directeur honoraire : M. LACABANE.
Directeur : M. J. QUICHERAT.
Professeurs titulaires : MM. J. QUICHERAT, GUESSARD, DE MAS-
LATRIE, A. TARDIF, DE MONTAIGLON,
BOUTARIC, GAUTIER.

Professeurs suppléants : MM. Paul MEYER, J. ROY.
Secrétaire :   M. ROY.
Appariteur :   M. NEYER.

VIII. PROGRAMME DE L'ENSEIGNEMENT. — JOURS ET HEURES DES COURS.

PREMIÈRE ANNÉE.

1. Paléographie.	M. GAUTIER.	Mardi, à 1 h. Sam., à 1 h.
2. Langues romanes	M. GUESSARD, suppléé par M. Paul MEYER.	Jeudi à 11 h. Sam. 2 h. 1/2.
3. Bibliographie et classement des bibliothèques publiques.	M. DE MONTAIGLON . .	Jeudi à 2 h. 1/2

DEUXIÈME ANNÉE.

1. Diplomatique . .	M. DE MAS-LATRIE . . .	Mardi 2 h. 1/2. Jeudi, à 1 h.
2. Institutions politiques, administratives et judiciaires de la France.	M. BOUTARIC, suppléé par M. ROY.	Mercr. à 11 h. Sam., à 11 h.
3. Class. d. Archives	M. DE MONTAIGLON . .	Merc. midi 1/2

TROISIÈME ANNÉE.

1. Droit civil et droit canonique du moyen âge.	M. Ad. TARDIF.	Mardi, à 11 h. Vend. à 11 h.
2. Archéologie du moyen âge.	M. QUICHERAT	Merc. 2 h. 1|2. Vend. midi 1|2

JOURS ET HEURES DES COURS.

Mardi	11 heures.	MM. TARDIF.
	1 heure.	GAUTIER.
	2 heures et demie.	DE MAS-LATRIE.
Mercredi . . .	11 heures	ROY.
	Midi et demi . . .	A. DE MONTAIGLON. (2e année.)
	2 heures et demie.	QUICHERAT.

Jeudi. . . .	11 heures	P. Meyer.
	1 heure	de Mas-Latrie.
	2 h. et demie . . .	A. de Montaiglon.
		(1re année).
Vendredi . . .	11 heures	Tardif.
	Midi et demi . . .	Quicherat.
Samedi. . . .	11 heures..	Roy.
	1 heure	Gautier.
	2 heures et demie.	P. Meyer.

III.

LISTE DES ANCIENS ÉLÈVES DE L'ÉCOLE DES CHARTES PAR ORDRE ALPHABÉTIQUE[1].

*Achard (Marie-Ant.-Félix), né à Avignon le 25 février 1843, promotion du 9 janvier 1865, ancien archiviste du département de Vaucluse et de la Haute-Vienne.

Alglave (Émile), né à Valenciennes le 27 avril 1842, promotion du 9 janvier 1865, agrégé des facultés de droit.

*Alleaume de Cugnon (Charles-Jacques-Louis), né à Paris le 9 octobre 1820, promotion de 1843, licencié en droit, ancien archiviste de l'Aveyron, ancien juge au tribunal de Nossi-Bé.

*André (Francisque-Louis), né à Saint-Hilaire-du-Harcouët (Manche), le 4 juin 1853, promotion du 15 janvier 1877, archiviste de l'Ardèche.

*Arbois de Jubainville (Marie-Henri d'), né à Nancy le 5 décembre 1827, promotion du 25 novembre 1850, ✳, avocat, archiviste du département de l'Aube, correspondant de l'Académie des inscriptions et membre du Comité des travaux historiques, 1re médaille au concours des Antiquités nationales (1859), prix au concours des Sociétés savantes (1861), 2e prix Gobert à l'Académie des inscriptions (1862-1863), 1er prix Gobert à la même Académie (1864).

---

1. La présente liste a été rédigée sur les renseignements fournis par les anciens élèves ; l'astérisque indique les membres de la Société de l'École des chartes.

Arcelin (Adrien), né à Fuissé (Saône-et-Loire), le 30 novembre 1838, promotion du 11 janvier 1864, secrétaire perpétuel de l'Académie de Mâcon, conservateur des collections archéologiques du musée de Mâcon, ancien archiviste de la Haute-Marne.

* Aubineau (Léon), né à Paris le 3 octobre 1815, promotion de 1840, ✳, ancien archiviste d'Indre-et-Loire.

* Aubry-Vitet (Pierre-Jean-Eugène), né à Paris le 20 décembre 1845, promotion du 1ᵉʳ février 1869, licencié ès-lettres et en droit, membre du Conseil général de Seine-et-Oise.

* Auger (Ernest-Edouard), né à Cognac (Charente) le 11 décembre 1829, docteur en droit, ancien avocat général près la cour de Toulouse, procureur de la République, à Lille.

* Baillet (Auguste-Théophile), né à Fouilloy (Somme), le 27 novembre 1834, promotion du 11 novembre 1856, négociant.

Barbaud (Gabriel), né à Bressuire (Deux-Sèvres), le 4 février 1847, promotion du 27 janvier 1873, archiviste de la Vendée.

Barberaud (Guillaume-Antoine-Charles), né à Angers le 13 mars 1829, promotion du 13 novembre 1855, archiviste du Cher.

† Barbeu du Rocher (Alfred), né à Meulan (Seine-et-Oise), le 2 avril 1815, promotion de 1841, lauréat de l'Académie des inscriptions et belles-lettres. Décédé en 1870.

† Barbié du Bocage (A.-F.), né à Paris en 1797, 1ʳᵉ promotion, section des Archives, 1821, ✳, professeur de géographie à la Faculté des lettres de Paris, géographe du Ministère des affaires étrangères, secrétaire de la Société de géographie. Décédé en février 1834.

* Barbier de la Serre (Roger), né à Rueil le 29 juillet 1841, promotion du 15 janvier 1866, auditeur à la Cour des comptes.

* Barthélemy (Jean-Baptiste-Antoine-Anatole de), né à Reims (Marne), le 1ᵉʳ juillet 1821, promotion du 29 décembre 1842, ✳, officier d'Académie, commandeur de Saint-Grégoire le Grand et d'Isabelle la Catholique, membre du Comité des travaux historiques (section d'histoire et de philologie), secrétaire de la Commission de topographie des Gaules, membre résidant de la Société des antiquaires de France, ancien conseiller de préfecture et secrétaire-général à Saint-Brieuc (Côtes-du-Nord), ancien sous-préfet à Belfort (Haut-Rhin) et à Neufchâtel-en-Bray (Seine-Inférieure). Mention honorable au concours des Antiquités nationales en 1851, mention très-honorable au concours de 1856, rappel en 1857.

† BASTARD D'ESTANG (le comte Jean-Denis-Léon de), né à Paris le 16 avril 1822, promotion du 5 février 1849, ✻, licencié en droit, secrétaire de l'ambassade extraordinaire de France en Chine. Décédé à Hong-Kong, le 2 décembre 1860.

* BATAILLARD (Paul-Théodore), né à Paris le 23 mars 1816, promotion de 1839, élu citoyen roumain en 1866 par l'Assemblée nationale de Roumanie, membre du Comité central de la Société d'anthropologie de Paris, archiviste de la Faculté de médecine.

BAUDOUIN (Auguste-Adolphe), né à Asnières (Seine), le 2 avril 1830, promotion du 16 novembre 1852, archiviste de la Haute-Garonne.

* BEAUCORPS (Le vicomte Maxime de), né à Orléans le 11 août 1840, promotion du 20 janvier 1868, licencié en droit, bachelier ès-sciences, membre de la Société archéologique et historique de l'Orléanais, de l'Académie de Sainte-Croix d'Orléans, du comité de publication de la Société des Archives historiques de la Saintonge et de l'Aunis.

BEAUQUIER (Charles), né à Besançon (Doubs) le 19 décembre 1833, promotion du 10 novembre 1857, licencié en droit, membre de la Société des gens de lettres, ancien sous-préfet de Pontarlier (Doubs), membre du Conseil général du Doubs (canton nord de Besançon), membre du Conseil municipal de Besançon.

* BEAUREPAIRE (Charles-Marie de Robillard de), né à Avranches (Manche) le 24 mars 1828, promotion du 25 novembre 1850, ✻, officier d'Académie, membre non résidant du Comité des travaux historiques, correspondant de l'Institut (Académie des inscriptions et belles-lettres), archiviste du département de la Seine-Inférieure. Mentions très-honorables et médaille à l'Académie des inscriptions (1858 et 1860).

* BÉMONT (Charles), né à Paris le 16 novembre 1848, promotion du 18 janvier 1876, licencié ès-lettres.

* BERGER (Élie), né à Beaucourt (Haut-Rhin) le 11 août 1850, promotion du 18 janvier 1876, licencié ès-lettres, membre de l'École Française de Rome.

BERNARD (Auguste-Christian-Philippe-Daniel), né à Bordeaux le 14 avril 1842, promotion du 15 janvier 1866, rédacteur de l'*Union*.

† BERNHARD (Marie-Bernard), né à Ribeauvillé (Haut-Rhin), le 8 juin 1809, promotion de 1835, attaché aux travaux historiques du Ministère de l'instruction publique, archiviste de la Nièvre,

médailles au Concours des antiquités nationales (1841 et 1845). Décédé en 1863.

*BERTRAND (Arthur), né à Paris le 28 mars 1841, promotion du 15 janvier 1866, chevalier de Saint-Grégoire le Grand, officier d'Académie, conseiller de préfecture de la Sarthe, vice-président de la Société historique et archéologique du Maine, ancien chef de cabinet du préfet de la Sarthe.

BERTRAND (Jean-Gustave), né à Vaugirard (Seine), le 22 décembre 1834, promotion du 11 novembre 1856, membre du Comité des travaux historiques (section d'archéologie), chargé de plusieurs missions scientifiques à Saint-Pétersbourg, membre de la Société pour l'encouragement des études grecques.

* BERTRANDY-LACABANE (Martin), né à Figeac (Lot), le 27 novembre 1827, archiviste de Seine-et-Oise, ancien inspecteur général des Archives.

* BESSOT DE LAMOTHE (Alexandre), né à Périgueux, promotion du 11 janvier 1864, officier d'Académie, archiviste du Gard, correspondant du Ministère de l'instruction publique pour les travaux historiques.

† BLANC (Antonin), né à Semur le 6 septembre 1840, promotion du 9 janvier 1865, archiviste-adjoint des Bouches-du-Rhône, archiviste de Loir-et-Cher et du Haut-Rhin. Décédé le 2 février 1871.

*BLANCARD (Marc-Marie-François-Louis), né à Marseille le 22 septembre 1831, promotion du 11 novembre 1856, officier de l'instruction publique, licencié en droit, archiviste des Bouches-du-Rhône, correspondant du Ministère de l'instruction publique pour les travaux historiques, mention honorable au Concours des antiquités nationales (1861).

* BOCA (Louis), né à Valenciennes le 29 mars 1810, promotion de 1835, avocat, ancien président de la Société des antiquaires de Picardie, archiviste du département de la Somme.

† BOISSERAND DE CHASSEY (Dominique-Claude), né à Chalon le 28 avril 1826, promotion du 5 février 1849, archiviste aux Archives de l'empire. Décédé à Chalon-sur-Saône le 6 janvier 1870.

* BONNARDOT (François), né à Demigny (Saône-et-Loire) le 19 novembre 1843, promotion du 20 janvier 1868, officier d'Académie, attaché au service des travaux historiques de la ville de Paris, ancien archiviste de la ville d'Orléans, ancien correspondant du Ministère de l'instruction publique pour les travaux

historiques, première médaille au concours des Sociétés savantes (1868).

* Bonnassieux (Pierre), né à Paris le 2 mai 1850, promotion du 27 janvier 1873, licencié en droit, archiviste aux Archives nationales, ancien chef de cabinet du préfet de l'Ardèche, membre non résidant de la Société académique du Puy, mention honorable au Concours des Antiquités nationales (1875).

Bonnault d'Houet (Marie-Louis-Xavier de), né à Montdidier le 24 novembre 1847, promotion du 15 janvier 1877.

* Bordier (Henri-Léonard), né à Paris le 8 août 1817, promotion de 1839, bibliothécaire honoraire au département des manuscrits de la Bibliothèque nationale, membre de la Société des Antiquaires de France et de la Société d'histoire et d'archéologie de Genève.

Borel d'Hauterive (André-François-Joseph), né à Lyon le 3 juillet 1812, promotion de 1835, chevalier de l'ordre du Christ de Portugal, membre du Comité des gens de lettres, conservateur-adjoint à la Bibliothèque Sainte-Geneviève, ancien avocat à la Cour d'appel, ancien attaché aux travaux historiques du Ministère de l'instruction publique, ancien chef au bureau des pétitions et des secours à la présidence de la République, ancien secrétaire professeur suppléant à l'École des chartes.

† Bosvieux (Auguste-Jean-Baptiste), né à Saint-Yrieix (Haute-Vienne), le 21 janvier 1831, promotion du 6 août 1850, juge au tribunal civil de Schlestadt, archiviste de la Creuse. Décédé en 1870.

† Boullé (Jules), né à Paris le 7 octobre 1828, promotion du 14 novembre 1854. Décédé le 16 décembre 1869.

* Bourbon (Georges-Louis), né à Châteauneuf-sur-Sarthe (Maine-et-Loire) le 21 juillet 1852, promotion du 19 janvier 1875, employé au bureau des Archives au Ministère de l'intérieur, ancien archiviste du département de Tarn-et-Garonne, ancien correspondant du Ministère de l'instruction publique pour les travaux historiques.

† Bourquelot (Félix), né à Provins (Seine-et-Marne), le 19 août 1815, promotion de 1839, ✳, avocat, professeur à l'École des chartes, membre de la Commission des Archives départementales, attaché aux travaux historiques du Ministère de l'instruction publique, président de la Société de l'École des chartes et de la Société des antiquaires de France, membre du Comité des travaux

historiques. Médailles au concours des antiquités nationales (1842 et 1861). Décédé à Paris, le 15 décembre 1868.

* BOUTARIC (Edgard-Paul), né à Châteaudun (Eure-et-Loir), le 9 septembre 1829, promotion du 15 novembre 1851, ✳, officier d'Académie, membre de l'Académie des inscriptions et belles-lettres, chef de la section administrative aux Archives nationales, professeur à l'École des chartes, membre du Comité des travaux historiques (section d'histoire et de philologie), ancien président de la Société des antiquaires de France, ancien président de la Société de l'École des chartes. Prix à l'Académie des sciences morales et politiques (1860) et à l'Académie des inscriptions (1858, 1861, 1863), 1er prix Gobert à la même Académie (1871).

* BOUYER (Adolphe), né à Burie (Charente-Inférieure) le 3 juillet 1842, promotion du 11 janvier 1864.

* BRIÈLE (Arsène-Léon), né à Paris le 10 septembre 1836, promotion du 15 novembre 1858, archiviste de l'assistance publique à Paris, ancien archiviste du Haut-Rhin.

* BRUEL (Louis-Alexandre), né à Paris le 20 juillet 1841, promotion du 15 janvier 1866, officier d'Académie, licencié en droit, archiviste aux Archives nationales, ancien attaché au catalogue des manuscrits de la Bibliothèque impériale, secrétaire de la Société de l'École des chartes, membre correspondant des Académies de Clermont-Ferrand et de Mâcon, et membre non résidant de la Société académique du Puy. Mention honorable au Concours des antiquités nationales (1868).

BUCHÈRE DE BÉSALLES (Paul), né à Paris le 24 août 1836, promotion du 27 janvier 1862, ancien attaché au Musée égyptien du Louvre.

BUDINSZKY (Alexandre), né à Vienne (Autriche), le 27 février 1844, promotion du 22 janvier 1872, professeur de paléographie du moyen âge et de philologie romane à l'Université de Czernowitz (Autriche).

† BURNOUF (Eugène), né à Paris le 9 avril 1801, 1re promotion, section des Archives, 1821, O. ✳, secrétaire perpétuel de l'Académie des inscriptions, professeur de sanscrit au Collége de France, rédacteur du *Journal des savants*. Décédé à Paris le 28 mai 1852.

* CALMETTES (Jules-Fernand), né à Paris le 11 octobre 1845, promotion du 11 février 1869.

* CAMPARDON (Louis-Émile), né à Paris le 18 juillet 1834, promotion du 10 novembre 1857, officier d'Académie, sous-chef de la section législative et judiciaire aux Archives nationales.

† CAPEFIGUE (Honoré), né à Marseille en 1802, 1re promotion, section de la Bibliothèque royale, 1821, O. ✳, avocat et publiciste, lauréat de l'Institut. Décédé à Paris en 1873.

* CASATI (Charles-Claude-Marie), né à Lyon le 16 janvier 1833, promotion du 14 novembre 1854, chevalier de l'ordre de la Couronne d'Italie, de l'ordre des Saints Maurice et Lazare, de l'ordre de Wasa de Suède, etc., docteur en droit et lauréat de la Faculté de Paris (concours de 1853), juge au tribunal civil de Lille.

* CASTAN (Auguste), né à Besançon (Doubs) le 20 novembre 1833, promotion du 13 novembre 1855, ✳, conservateur de la bibliothèque et des archives de la ville de Besançon, correspondant de l'Institut (Académie des inscriptions et belles-lettres), membre non-résidant du Comité des travaux historiques et des Sociétés savantes. Mentions au Concours des antiquités de la France (1859 et 1874), prix d'archéologie au Concours des Sociétés savantes (1864 et 1873).

† CAUSSIN DE PERCEVAL (Armand-Pierre), né à Paris en 1795, promotion de 1821, O. ✳, conseiller d'État, 1er président de la Cour de Montpellier, conseiller à la Cour de cassation. Décédé en 1864.

* CAUWÈS (Paul-Louis), né à Paris le 3 mai 1843, promotion du 20 janvier 1868, professeur agrégé à la Faculté de droit de Paris.

* CERISE (le baron Guillaume-Laurent), né à Paris le 24 mai 1847, promotion du 1er février 1869, licencié en droit, inspecteur des finances.

† CERTAIN (Eugène de), né à Paris le 21 juillet 1812, promotion de 1837, avocat. Décédé en 1869.

CHAMBRUN (Charles-Adolphe Pineton de), né à Marvejols (Lozère), le 10 août 1831, promotion du 15 novembre 1853.

* CHAMBURE (Hugues-Denis-Antoine Pelletier de), né à Saulieu le 4 février 1835, promotion du 21 novembre 1859, chevalier de Pie IX, licencié en droit.

CHANTEAU (Augustin-François de), né à Metz (ancien département de la Moselle) le 22 octobre 1848, promotion du 27 janvier 1873, membre de la Société d'émulation des Vosges, de la Société philomatique de Verdun, de la Société d'archéologie lorraine, membre fondateur de la Société de l'histoire de l'art français, ancien archiviste des Vosges.

CHARAVAY (Marin-Étienne), né à Paris le 17 avril 1848, promotion du 1er février 1869, officier d'Académie, directeur de la *Revue des documents historiques*, expert en autographes.

† CHARONNET (Charles), né à Châteauroux le 27 février 1829, promotion du 15 novembre 1851, archiviste des Hautes-Alpes, correspondant du Ministère de l'instruction publique. Mention très-honorable au Concours des antiquités nationales (1859). Décédé en mai 1863.

* CHASSAING (Jean-Baptiste-François-Augustin), né à Pontaumur (Puy-de-Dôme), le 25 décembre 1830, promotion du 14 novembre 1854, ✳, officier d'Académie, juge au tribunal civil du Puy, correspondant du Ministère de l'instruction publique pour les travaux historiques, ancien substitut à Cusset.

* CHATEL (Athanase-Eugène), né à Rouen le 2 mai 1820, promotion du 5 février 1849, officier de l'instruction publique, archiviste du Calvados, ancien secrétaire et ancien président de la Société des antiquaires de Normandie, membre de l'Académie de Caen, correspondant de la Société des antiquaires de France, membre de l'Association pour l'encouragement des études grecques, correspondant du Ministère de l'instruction publique pour les travaux historiques, membre de la Commission des Concours académiques de Caen. Mention hors ligne à l'Académie des inscriptions et belles-lettres.

* CHAUFFIER (L'abbé Louis-Marie), né à Vannes le 21 septembre 1848, promotion du 20 janvier 1868, licencié en droit, chanoine honoraire, pro-secrétaire à l'évêché et aumônier du cercle catholique des ouvriers de Vannes, précédemment vicaire à La Roche-Bernard.

* CHAZAUD (Alphonse-Martial), né à Paris le 20 juillet 1827, promotion du 16 novembre 1852, officier d'Académie, licencié ès-lettres, archiviste de l'Allier, membre de la Société d'émulation de l'Allier, correspondant des Sociétés des antiquaires de France et d'émulation du Doubs, prix du Conseil général de l'Allier (1860), prix au concours des Sociétés savantes (section d'histoire, 1865), mentions au concours des Antiquités Nationales, 1861 et 1866.

† CHELLE (Claude-Charles), né à Vault (Yonne) le 6 juillet 1807,

promotion de 1831, archiviste du Rhône. Décédé à Lyon en 1849.

CHÉRON (Paul), né à   le   promotion du 21 novembre 1859, ancien archiviste de la Haute-Marne, de la Vendée et des Hautes-Alpes.

*CLAIREFOND (Antoine-Marius), né à Chabeuil (Drôme), le 4 février 1811, promotion de 1837, officier d'Académie, licencié en droit, président du tribunal de commerce, président de la Société de propagation des connaissances utiles, président de la Commission administrative de l'École normale des filles, administrateur de la succursale de la Banque de France, négociant.

* CLÉDAT (Léon), né au Change (Dordogne), le 4 février 1851, promotion du 19 janvier 1875, professeur à la Faculté des lettres de Lyon, ancien membre de l'École française de Rome.

* COCHERIS (Hippolyte-François-Jules), né à Paris le 1er décembre 1829, promotion du 16 novembre 1852, ✳, inspecteur général de l'enseignement primaire, ancien conservateur à la Bibliothèque Mazarine, membre du Conseil général de Seine-et-Oise, membre du Comité des travaux historiques (section d'histoire et de philologie), membre de la Société des antiquaires de Picardie, ancien auxiliaire de l'Académie des inscriptions, secrétaire de la Commission de publication du Catalogue des manuscrits des bibliothèques des départements, membre et ancien président de la Société des antiquaires de France.

* COHN (Isaac-Adolphe), né à Paris le 29 mars 1851, promotion du 19 janvier 1874.

COUDRE (Joseph), né à Mulhouse le 22 mai 1838, promotion du 11 janvier 1864, licencié ès-lettres, archiviste de la ville de Mulhouse, autrefois professeur au collège de la même ville.

COUR DE LA PIJARDIÈRE (Louis de la), né à Nantes le 16 septembre 1832, archiviste-paléographe (sous le nom de *Louis Lacour*, qui continue d'être son pseudonyme littéraire), promotion du 14 novembre 1854, archiviste du département de l'Hérault, ancien membre du bureau des travaux historiques de la ville de Paris, bibliothécaire honoraire de la bibliothèque Sainte-Geneviève.

* COURAJOD (Louis-Charles-Léon), né à Paris le 22 février 1841, promotion du 14 janvier 1867, licencié en droit, attaché à la Conservation de la sculpture et des objets d'art du moyen âge, de la renaissance et des temps modernes au Louvre, membre de la Société des antiquaires de France.

† CROSET (Ernest), né à Paris le 3 juillet 1834, promotion du 11 novembre 1856, journaliste, archiviste de Lot-et-Garonne, employé à la ville de Paris. Décédé en 1872.

* CUCHEVAL-CLARIGNY (Athanase), né à Calais le 1er février 1821, promotion de 1845, O. ✳, licencié ès-lettres, agrégé de l'Université, conservateur à la bibliothèque Sainte-Geneviève.

* DAIGUSON (Louis-Jean-Lucien-Maurice), né à La Châtre (Indre) le 6 septembre 1835, promotion du 15 novembre 1858, juge au tribunal civil de Châteauroux.

* DARESTE DE LA CHAVANNE (Antoine-Élisabeth-Cléophas), né à Paris le 28 octobre 1820, promotion de 1841, O. ✳, recteur de l'Académie de Lyon, correspondant de l'Institut (Académie des sciences morales et politiques), ancien professeur d'histoire dans les Facultés de Grenoble et de Lyon, ancien doyen de la Faculté des lettres à Lyon, et ancien recteur de l'Académie de Nancy. Prix à l'Académie des sciences morales et politiques en 1847 et en 1853, grand prix Gobert à l'Académie française en 1868 et 1869.

* DARESTE DE LA CHAVANNE (Rodolphe), né à Paris le 26 décembre 1824, promotion de 1845, ✳, docteur en droit et ès-lettres, conseiller à la Cour de cassation, ancien avocat au Conseil d'État et à la Cour de cassation, ancien président de l'ordre.

* DAVID (Louis-Charles), né à Cologne (alors département de la Roër) le 9 novembre 1810, promotion du 28 janvier 1833, O. ✳, conseiller-maître à la Cour des comptes.

* DELABORDE (François), né à Versailles le 1er juillet 1854, promotion du 15 janvier 1877, membre de l'École française de Rome.

DELAHAYE (Jules-Augustin), né à Angers le 5 mai 1851, promotion du 15 janvier 1877.

* DELISLE (Léopold-Victor), né à Valognes (Manche) le 24 octobre 1826, promotion du 4 janvier 1847, O. ✳, membre de l'Académie des inscriptions et belles-lettres, administrateur général directeur de la Bibliothèque nationale; président du Conseil de perfectionnement de l'École des chartes, président de la Section d'histoire du Comité des travaux historiques et des Sociétés savantes. Médaille au Concours des antiquités nationales (1849), 1er prix Gobert de l'Académie des inscriptions, 1851 et 1852.

DELORE (Félix), né à Paris le 9 novembre 1830, promotion du 13 novembre 1855, employé à la bibliothèque Sainte-Geneviève.

* Deloye (Augustin), né à Sérignan (Vaucluse) le 14 mars 1816, promotion de 1841, ✻, officier de l'instruction publique, conservateur de la bibliothèque et du musée Calvet de la ville d'Avignon, correspondant du Ministère de l'instruction publique pour les travaux historiques, correspondant de la Société des antiquaires de France, ancien avocat à la Cour d'appel de Paris, ancien attaché à la collection des documents inédits de l'histoire du Tiers-État et à la collection des Cartulaires de France et ancien archiviste du département d'Indre-et-Loire.

* Delpit (Jean-Martial), né à Cahuzac (Lot-et-Garonne) le 25 février 1813, promotion du 17 janvier 1835, ancien membre de l'Assemblée nationale, ancien attaché aux travaux historiques du Ministère de l'instruction publique, membre honoraire du Comité des travaux historiques. Médaille au Concours des antiquités nationales, 1841.

* Demaison (Louis), né à Reims le 11 mai 1852, promotion du 18 janvier 1876, licencié en droit, archiviste-adjoint de la ville de Reims.

* Demante (Auguste-Gabriel), né à Paris le 3 mars 1821, promotion de 1841, ✻, professeur à la Faculté de droit de Paris, membre de l'Académie de législation de Toulouse.

* Deprez (Marie-Michel-Denis), né à Sainte-Geneviève-des-Bois (Loiret), le 30 septembre 1838, promotion du 12 janvier 1863, employé à la Bibliothèque nationale.

* Desjardins (Gustave-Adolphe), né à Sarreguemines (Moselle), le 25 août 1834, promotion du 11 novembre 1856, ✻, officier d'Académie, sous-chef de bureau au Ministère de l'intérieur, chargé du service des Archives départementales, membre du Comité des travaux historiques (section d'histoire et de philologie), ancien archiviste de l'Aveyron, de l'Oise et de Seine-et-Oise.

† Desplanque (Alexandre), né à Douai le 24 février 1835, promotion du 15 novembre 1858, officier d'Académie, archiviste du Nord et de l'Indre, correspondant du Comité des travaux historiques et des Sociétés savantes. Décédé le 8 février 1871.

Doinel (Jules-Benoît), né à Moulins le 8 décembre 1842, promotion du 15 janvier 1866, archiviste du Loiret, ancien archiviste du Cantal, ancien bibliothécaire et archiviste de la ville de Niort.

* Dolbet (François-Eugène-Marie), né à Gerville (Manche), le 30 août 1843, promotion du 1er février 1869, archiviste de l'Eure, ancien attaché au Catalogue des manuscrits de la Bibliothèque impériale.

Doncœur (Armand-Jean-Marie), né à Charleville (Ardennes), le 30 janvier 1846, promotion du 1ᵉʳ février 1869, sous-préfet à Nogent-le-Rotrou (Eure-et-Loir), ancien conseiller de préfecture des Hautes-Pyrénées.

* Douet-d'Arcq (Louis-Claude), né à Paris le 15 janvier 1808, promotion de 1833, ✳, officier d'Académie, chef de la section historique aux Archives nationales, membre du Comité des travaux historiques (section d'archéologie).

* Dubois (Arthème-Marie-Gaston), né à Saint-Calais le 23 janvier 1843, promotion du 20 janvier 1868, ancien employé au département des imprimés de la Bibliothèque impériale.

† Duchalais (Adolphe), né à Beaugency (Loiret), le 11 janvier 1815, promotion de 1841, auxiliaire de l'Institut, membre de la Société des antiquaires de France, premier employé au Cabinet des médailles de la Bibliothèque nationale. Prix de numismatique à l'Académie des inscriptions (1846). Décédé le 24 août 1854.

* Duchemin (Victor-Tranquille), né à Sainte-Marguerite-d'Elle (Calvados), le 17 mai 1844, promotion du 20 janvier 1868, archiviste de la Mayenne.

* Du Chêne (Arthur-Alexandre-Armand Mabille), né à Saint-Michel-de-Chavaignes (Sarthe), le 13 juin 1848, promotion du 27 janvier 1873, ✳, ancien archiviste de la Vendée.

* Dufour (Théophile-André), né à Genève le 4 octobre 1844, promotion du 27 janvier 1873, directeur des Archives du canton de Genève, secrétaire de la Société genevoise d'histoire et d'archéologie, juge à la Cour d'appel de Genève.

* Dufourmantelle (Charles-Marie), né à Paris le 14 août 1853, promotion du 15 janvier 1877.

* Duhamel (Léopold-Jean-Pierre-Émile), né à Goustranville-Saint-Clair (Calvados), le 16 août 1842, promotion du 9 janvier 1865, officier d'Académie, chevalier de l'ordre de François-Joseph d'Autriche, archiviste du département de Vaucluse, correspondant du Ministère de l'instruction publique pour les travaux historiques et archéologiques, ancien archiviste des Vosges et de la Corse, membre fondateur du Comité d'histoire vosgienne. Mentions honorables au Concours des antiquités nationales (1868 et 1869).

3

Dumaine (Alfred Chilhaud·), né à Paris le 25 décembre 1852, promotion du 15 janvier 1877.

* Duplès-Agier (Théodore-Henri-Léon-Auguste), né à Paris le 5 janvier 1825, promotion du 4 janvier 1847, membre correspondant national de la Société des antiquaires de Normandie, de la Société archéologique de Sens, de la Société archéologique du Limousin, etc., ancien attaché au département des manuscrits de la Bibliothèque nationale. Mention honorable au Concours des antiquités nationales en 1875.

* Dupont (Edmond-Louis), né à Boulogne-sur-Mer le 16 octobre 1827, promotion du 16 novembre 1852, ✻, chef de la section du secrétariat aux Archives nationales, archiviste-trésorier-bibliothécaire de la Société de l'Histoire de France.

† Durande (Amédée), né à Paris le 27 février 1838, promotion du 28 janvier 1861, attaché au Ministère de la maison de l'Empereur. Décédé en 1870.

Duranton (Jean-Baptiste-Alexandre-Stanislas), né à Paris le 28 juillet 1822, promotion du 4 janvier 1847, docteur en droit, ancien sous-préfet.

* Duval (Louis-François-Marin), né à la Ferté-Macé (Orne), le 27 février 1840, promotion du 9 janvier 1865, archiviste du département de la Creuse, précédemment conservateur de la bibliothèque et des archives de la ville de Niort (Deux-Sèvres).

† Eysenbach (Gabriel), né à Woippy (Moselle) le 4 octobre 1814, promotion de 1837, archiviste de la Nièvre. Décédé à Nevers en 1849.

* Fagniez (Gustave-Charles), né à Paris le 6 octobre 1842, promotion du 14 janvier 1867, archiviste aux Archives nationales, auxiliaire de l'Académie des inscriptions et belles-lettres.

† Fallot (Gustave), né à Montbéliard (Doubs) le 17 novembre 1807, promotion de 1833, sous-bibliothécaire de l'Institut, secrétaire du Comité des travaux historiques. Décédé le 6 juillet 1836.

* Fanjoux (Georges), né à Moulins (Allier), le 28 avril 1822, promotion du 4 janvier 1847, O. ✻, secrétaire-général de la Société nouvelle des forges et chantiers de la Méditerranée.

† Faudet (l'abbé Pierre-Augustin), né à Saint-Geniez (Aveyron), 1re promotion, section de la Bibliothèque Royale, 1821, ✻, docteur en théologie, chanoine honoraire de Paris, professeur

suppléant à la Faculté de théologie de Paris, curé de Saint-Étienne-du-Mont et de Saint-Roch. Décédé à Paris le 30 octobre 1873.

*Faugeron (Hector-Paul), né à Saint-Georges-sur-Loire (Maine-et-Loire), le 8 mars 1838, promotion du 28 janvier 1861, docteur ès-lettres, rédacteur en chef du Journal de Maine-et-Loire, ancien professeur d'histoire au lycée de Rennes.

*Favre (Camille), né à Genève, promotion du 22 janvier 1872.

*Finot (Jules), né à Lons-le-Saunier (Jura), le 27 avril 1842, promotion du 9 janvier 1865, avocat, archiviste de la Haute-Saône, ancien archiviste du Jura, correspondant du Ministère de l'instruction publique pour les travaux historiques et de la Commission de topographie des Gaules. Mention honorable au Concours des antiquités nationales (1873).

*Flamare (Louis-Henri Adam de), né à Sens (Yonne) le 26 février 1851, promotion du 18 janvier 1876, archiviste du département des Alpes-Maritimes.

*Fleury (Paul-Pierre-Philippe-Isaac-Armand de), né au Vieux-Ruffec (Charente), le 15 mars 1839, promotion du 12 janvier 1863, bachelier ès-sciences, archiviste de la Charente, ancien archiviste de Loir-et-Cher et (par interim) de la Haute-Marne, correspondant du Ministère de l'instruction publique pour les travaux historiques.

*Floquet (Pierre-Amable), né à Rouen en 1797, 1re promotion, section de la Bibliothèque royale, 1821, ✻, ancien greffier en chef de la cour d'appel de Rouen, correspondant de l'Académie des Inscriptions. 1er prix Gobert à l'Académie des Inscriptions (1843), médaille d'honneur à l'Académie de Rouen (1862).

*Fontenay (Antoine-Harold de), né à Autun (Saône-et-Loire), le 15 janvier 1841, promotion du 11 janvier 1864, officier d'Académie, bibliothécaire de la Société Éduenne, conservateur du musée d'Autun, ancien rédacteur au ministère de l'Intérieur (bureau des archives départementales), correspondant de la Société des Antiquaires de France et de la Commission de topographie des Gaules. Mention honorable au Concours des antiquités nationales de 1875.

*François Saint-Maur (Eustache-Maur), né à Laon (Aisne), le 18 février 1825, promotion du 4 janvier 1847, ✻, chevalier de l'ordre de Charles III d'Espagne, docteur en droit, président de chambre à la Cour d'appel de Pau, membre de la Société des antiquaires de Normandie, membre et ancien président de la Société des antiquaires de l'Ouest et de celle des sciences, lettres et arts de Pau,

† FRÉVILLE (Charles-Ernest DE), né à Rouen le 24 février 1811, promotion de 1837, auxiliaire de l'Académie des inscriptions, membre de la Société des antiquaires de France. Lauréat de l'Académie de Rouen, mention très-honorable au concours des antiquités nationales (1859). Décédé à Paris le 18 novembre 1855.

* GARDET (Jacques-Édouard), né à Paris le 2 mars 1818, promotion de 1843, avocat.

† GARIN (Jean-Henri-Auguste), né à Paris le 10 février 1827, promotion du 15 novembre 1853. Décédé.

* GARNIER (Charles-Édouard), né à Lure (Haute-Saône), le 13 janvier 1823, promotion du 8 avril 1850, officier d'Académie, membre de la Société des antiquaires de Picardie et de celle des antiquaires de la Morinie, sous-chef de la section du secrétariat aux Archives nationales. Lauréat de la Société des antiquaires de la Morinie (1848) et de l'Académie de Besançon (1849), mention honorable à l'Académie des inscriptions (1861).

GASTINES (le comte Charles-Marie-Albert-Léonce DE MACÉ DE), né au Mans le 5 septembre 1829, promotion du 15 novembre 1853, membre de la Société archéologique de l'Orléanais, membre-fondateur de l'Académie de Sainte-Croix d'Orléans, membre titulaire de la Société historique et archéologique du Maine.

* GAUTHIER (Marie-Jules), né à Besançon le 29 février 1848, promotion du 17 janvier 1870, licencié en droit, archiviste du Doubs, correspondant du Ministère de l'instruction publique pour les travaux historiques, précédemment avocat à la Cour d'appel de Besançon.

* GAUTIER (Léon), né au Havre le 8 août 1832, promotion du 13 novembre 1855, ✳, chevalier de l'ordre de saint Grégoire-le-Grand, professeur à l'École des chartes, archiviste aux Archives nationales, rédacteur du *Monde*, membre du Comité des travaux historiques (section d'histoire et philologie), ancien archiviste du département de la Haute-Marne, ancien correspondant du Ministère de l'instruction publique pour les travaux historiques. Deuxième prix Gobert à l'Académie des inscriptions et belles-lettres en 1866, 1867 et 1872. Premier prix Gobert à la même Académie en 1868. Prix Guizot à l'Académie française en 1875.

† GERAUD (Hercule), né au Caylar (Hérault), le 11 février 1812,

promotion de 1837, attaché aux travaux historiques du Ministère de l'instruction publique. Médaille au Concours des antiquités nationales (1844). Décédé le 9 mai 1844.

* Giraud (Louis-Alfred), né à Fontenay-le-Comte le 3 août 1827, promotion du 15 novembre 1853, officier d'Académie, docteur en droit, conseiller à la Cour d'appel d'Orléans, ancien membre de l'Assemblée nationale, ancien vice-président du tribunal civil de Blois.

* Giry (Arthur-Joseph), né à Trévoux le 28 février 1849, promotion du 17 janvier 1870, archiviste aux Archives nationales.

* Gossin (Léon-Pierre), né à Paris le 19 avril 1827, promotion du 5 février 1849, licencié en droit, sous-chef de bureau au chemin de fer d'Orléans.

Gouget (Alexandre-Louis-Marie-Antoine), né à Lyon le 17 octobre 1832, promotion du 15 novembre 1858, archiviste de la Gironde, ancien archiviste des Deux-Sèvres.

Gouvenain (Louis-Antoine de), né à Dijon le 2 juin 1836, promotion du 21 novembre 1859, conservateur des archives de la ville de Dijon, inspecteur des archives communales et hospitalières du département de la Côte-d'Or, membre titulaire de la Commission départementale des antiquités.

* Grandmaison (Pierre-Charles-Armand Loyseau de), né à Poitiers le 29 mai 1824, promotion du 8 avril 1850, ✳, officier de l'Instruction publique, archiviste d'Indre-et-Loire, ancien attaché au département des manuscrits de la Bibliothèque nationale, correspondant du Ministère de l'instruction publique pour les travaux historiques, ancien secrétaire de la Société de l'École des chartes. Mention très-honorable au concours d'histoire des Sociétés savantes (1865), prix d'archéologie au même concours (1870).

* Gréa (le R. P. Marie-Étienne-Adrien), né à Lons-le-Saulnier le 18 février 1828, promotion du 8 avril 1850, licencié en droit, docteur en théologie, ancien vicaire général du diocèse de Saint-Claude, prieur et réformateur des chanoines réguliers, à Saint-Claude.

Grégoire (Ernest), né à Spa (Belgique), le 1ᵉʳ août 1828, promotion du 15 novembre 1853, licencié en droit, ancien professeur de paléographie à Lausanne. Prix Volney à l'Institut.

Gros-Burdet (Jean-Édouard), né à Paris le 12 février 1828,

promotion du 29 novembre 1854, licencié en droit, commis principal de 1re classe au Ministère des Finances.

† Guérard (Benjamin), né à Montbard (Côte-d'Or), 1re promotion, section des Archives, 1821, O ✳, membre de l'Institut, conservateur au département des manuscrits à la Bibliothèque nationale, professeur à l'École des chartes et directeur de cette École. Décédé à Paris le 10 mars 1854.

* Guérin (Marie-Joseph-Paul), né à Paris le 8 mars 1845, promotion du 1er février 1869, archiviste aux Archives nationales, ancien employé au Catalogue des manuscrits de la Bibliothèque nationale.

* Guessard (Francis), né à Passy (Seine), le 28 janvier 1814, promotion de 1837, ✳, membre de l'Académie des inscriptions et belles lettres, professeur à l'École des chartes, membre honoraire du Comité des travaux historiques, chargé de la publication du recueil des anciens poètes de la France, ancien président de la Société de l'École des chartes. Médaille au Concours des antiquités nationales (1845), prix à l'Académie française (1846).

* Guiffrey (Jules-Marie-Joseph), né à Paris le 29 novembre 1840, promotion du 12 janvier 1863, officier d'Académie, licencié en droit, archiviste aux Archives nationales. 1re médaille au Concours des antiquités nationales (1865).

* Guignard (Pierre-Philippe), né à Dijon le 16 mai 1820, promotion de 1843, officier d'Académie, bibliothécaire de la ville de Dijon, ancien archiviste de l'Aube, correspondant honoraire du Ministère de l'instruction publique pour les travaux historiques.

* Guigue (Marie-Claude), né à Trévoux (Ain), le 16 octobre 1832, promotion du 11 novembre 1856, licencié en droit, archiviste de la ville de Lyon, ancien archiviste de l'Ain, correspondant du Ministère de l'instruction publique pour les travaux historiques.

* Guilmoto (Gustave-Adolphe), né à Paris le 3 novembre 1846, promotion du 19 janvier 1874, docteur en droit, archiviste des Vosges.

Guinard (Félix-Charles-Marie), né à Paris le 27 février 1824, promotion de 1847, licencié en droit, chef de bureau à la préfecture de la Seine, précédemment employé au secrétariat de l'Académie de Paris, puis inspecteur des écoles communales de la ville de Paris.

*Havet (Julien-Pierre-Eugène), né à **Vitry** (Seine), le 4 avril 1853, promotion du 18 janvier 1876, employé au département des imprimés de la Bibliothèque nationale.

Herbet (Marie-Pierre-Félix), né à Amiens (Somme), le 28 septembre 1847, promotion du 1ᵉʳ février 1869, docteur en droit, avocat à la Cour d'appel de Paris, ancien secrétaire de la conférence des avocats stagiaires. Prix Liouville (partagé avec Mᵉ Falcimaigne), 1876.

* Hervieu (Henri-Ernest-Victor), né à Paris le 22 janvier 1852, promotion du 27 janvier 1873, licencié en droit, chargé du classement des archives hospitalières d'Abbeville et de Bordeaux par le Ministère de l'intérieur, chargé de mission historique par le conseil général de la Somme. Mention honorable au Concours des antiquités nationales (1876).

Hiélard (Charles-Léon), né à Vandenesse (Côte-d'Or), le 8 juillet 1834, promotion du 13 novembre 1855, négociant, président du syndicat général de l'Union nationale du commerce et de l'industrie.

* Himly (Louis-Auguste), né à Strasbourg le 28 mars 1823, promotion du 5 février 1849, ✳, officier de l'Instruction publique, docteur ès-lettres, professeur de géographie à la Faculté des lettres de Paris, ancien professeur d'histoire au collège Rollin, ancien président de la Société de l'École des chartes, ancien vice-président de la Société de géographie.

Hubert (J.-B. Théodore), né à Bourges le 6 septembre 1835, promotion du 27 janvier 1862, archiviste de l'Indre.

† Hugot (Henri), né à Strasbourg le 28 août 1805, promotion de 1831, conservateur des archives municipales, de la bibliothèque et du musée de Colmar. Décédé le 7 juin 1864.

Huron (Édouard-Joseph-Marie), né à Montoire (Loir-et-Cher), le 28 juin 1823, promotion du 5 février 1849.

† Jacobs (Alfred), né à Paris le 15 décembre 1827, promotion du 25 novembre 1850, docteur ès-lettres, membre de la Commission de la carte des Gaules. Mention très-honorable au Concours des antiquités nationales (1859). Décédé en 1870.

* Janin (François-Eugène), né à Passy (Seine), le 9 mars 1815, promotion de 1841, licencié en droit, ancien attaché à la Collection des Monuments inédits de l'histoire du Tiers-État, ancien auxiliaire de l'Académie des inscriptions.

† Joigny (Edmond), né à Paris le 1er octobre 1839, promotion du 12 janvier 1863. Décédé en juillet 1863.

* Joüon (Frédéric-Louis-Marie), né à Saint-Malo le 22 octobre 1841, promotion du 17 janvier 1870, licencié en droit.

Junca (Marie-Joseph-Etienne), né à Paris le 13 décembre 1834, promotion du 16 novembre 1855, journaliste, ancien archiviste du Jura.

* Kerdrel (Vincent-Paul-Marie-Casimir Audren de), né à Lorient (Morbihan), le 28 septembre 1815, promotion de 1841, sénateur, ancien président de la Société de l'École des chartes, membre du Comité des travaux historiques (section d'histoire et de philologie).

* Krœber (Ferdinand-Philippe-Auguste), né à Sainte-Marie-aux-Mines (Haut-Rhin), le 5 décembre 1830, promotion du 10 novembre 1857, licencié en droit, ancien archiviste de Tarn-et-Garonne.

* Laborde (le marquis Joseph de), né à Beauregard près Fontenay (Eure), le 13 septembre 1840, promotion du 12 janvier 1863, officier d'Académie, licencié ès-lettres et en droit, archiviste aux Archives nationales, membre du Comité des travaux historiques (section d'histoire et de philologie).

Laborde (Théodore-Alphonse), né à Paris le 18 juin 1829, promotion du 14 novembre 1854, ancien sténographe au Sénat.

* La Borderie (Arthur Lemoyne de), né à Vitré (Ille-et-Vilaine), le 5 octobre 1827, promotion du 16 novembre 1852, ancien membre de l'Assemblée nationale, membre non résidant du Comité des travaux historiques.

* Lacabane (Jean-Léon), né à Fons (Lot), le 1er frimaire an VII (21 novembre 1798), 1re promotion, section de la Bibliothèque royale, 1821, O. ✳, professeur-directeur honoraire de l'École des chartes, conservateur-adjoint honoraire au département des manuscrits de la Bibliothèque nationale, président honoraire de la Société de l'École des chartes, membre résidant de la Société des Antiquaires de France, membre de la Société de l'Histoire de France et du conseil de ladite Société depuis 1844, membre correspondant de l'Académie des sciences, belles-lettres et arts de Rouen et de la Société des Études du Lot, ancien membre de la Commission des Archives départementales, ancien membre du Conseil supérieur de l'École pratique des Hautes-Études.

Lacombe (Paul), né à Cahors (Lot), le 6 janvier 1834, promotion du 21 novembre 1859, homme de lettres.

† Laget (Antoine), né à Lille le 24 juillet 1815, promotion de 1839, archiviste aux Archives de l'Empire. Décédé le 21 juillet 1863.

* Lair (Jules-Auguste), né à Caen le 25 mai 1836, promotion du 15 novembre 1858, ※, directeur de la Compagnie des Entrepôts et Magasins généraux de Paris. Prix à la Société des Antiquaires de Normandie et à l'Académie de Caen (1858).

* Lalanne (Marie-Ludovic), né à Paris le 23 avril 1815, promotion de 1841, sous-bibliothécaire de l'Institut, membre du Comité des travaux historiques (section d'histoire et de philologie), ancien attaché aux travaux historiques du Ministère de l'instruction publique, ancien rédacteur en chef de l'*Athenæum français* et de la *Correspondance littéraire*. Médaille au Concours des antiquités nationales (1845).

† Landresse (Ernest Clerc de), né à Pontoise le 17 août 1800, 1re promotion, section de la Bibliothèque royale, 1821, ※, bibliothécaire de l'Institut. Décédé en 1864.

La Rochebrochard (Henri Brochard de), né à Niort (Deux-Sèvres), le 28 avril 1853, promotion du 15 janvier 1877.

* Lasteyrie (Robert de), né à Paris le 15 novembre 1849, promotion du 27 janvier 1873, ※, officier d'Académie, archiviste aux Archives nationales, membre du Comité des travaux historiques (section d'archéologie). 1re médaille au Concours des antiquités nationales en 1875, prix ordinaire de l'Académie des inscriptions (1877).

Laudy (André), né à Paris le 5 février 1848, promotion du 22 janvier 1872, archiviste du département de Constantine.

* Lebeurier (Pierre-François), né à Villedieu (Manche), le 5 juillet 1819, promotion de 1845, officier de l'Instruction publique, correspondant du Ministère de l'instruction publique pour les travaux historiques, chanoine titulaire d'Évreux, ancien professeur suppléant à la Faculté de théologie de Bordeaux, ancien archiviste de l'Eure. Mention très-honorable au Concours des antiquités nationales (1863).

† Le Brethon (Achille), né à Ifs (Calvados), le 14 octobre 1833, promotion du 28 janvier 1861, attaché au bureau des travaux historiques de la ville de Paris, auxiliaire de l'Académie des inscriptions. Décédé le 29 février 1868.

—

* LECARON (Frédéric-Natalis), né à Paris le 22 janvier 1829, promotion du 15 novembre 1851. Mention au Concours des antiquités nationales (1854).

* LECOY DE LA MARCHE (Albert), né à Nemours (Seine-et-Marne), le 21 novembre 1839, promotion du 28 janvier 1861, archiviste aux Archives nationales, professeur d'histoire à l'Université catholique de Paris, ancien archiviste de la Haute-Savoie, ancien secrétaire de la Société de l'École des chartes, membre de l'Académie de Savoie, de la Société d'histoire et d'archéologie de Genève, de la Société Florimontane d'Annecy, de la Société archéologique de Sens, etc. Prix ordinaire de l'Académie des inscriptions (1867). Premier prix Gobert à la même Académie (1875).

* LEFÈVRE (André), né à Provins (Seine-et-Marne), le 9 novembre 1834, promotion du 10 novembre 1857, licencié ès-lettres et en droit, homme de lettres, ancien attaché aux Archives de l'empire.

* LEFOULLON (Louis-Victor-Anatole), né à Paris le 3 juillet 1844, promotion du 15 janvier 1866, conseiller d'arrondissement du canton de Neuilly (Seine), avoué près le tribunal civil du département de la Seine.

LEGLAY (Edward-André-Joseph), né à Cambrai le 6 mars 1814, promotion de 1835, ✻, ancien sous-préfet, ancien conservateur-adjoint des Archives du département du Nord, ancien directeur de l'octroi de Paris. Médaille au Concours des antiquités nationales (1844).

† LE GRAND (Étienne), né à Nantes le 25 novembre 1846, promotion du 28 janvier 1868, archiviste de la Vendée et de l'Ariége. Décédé à Foix le 27 décembre 1873.

* LELONG (Eugène-Philippe), né à Angers (Maine-et-Loire), le 10 juillet 1847, promotion du 19 janvier 1875, ancien archiviste de la Corse.

* LEMONNIER (Joseph-Henri), né à Saint-Prix (Seine-et-Oise), le 8 août 1842, promotion du 9 janvier 1865, officier d'Académie, docteur en droit, licencié ès-lettres, agrégé d'histoire et géographie, professeur d'histoire à l'École des Beaux-Arts et au lycée Saint-Louis.

† LENOBLE (Alexandre), né à Moscou le 24 octobre 1800, 1re promotion, section de la Bibliothèque royale, 1821, ✻, avocat,

vérificateur des titres à la commission du sceau de France, employé aux Archives du royaume. Décédé le 13 mai 1851.

* L'Epinois (Henri-Charles-Ernest DE BUCHÈRE DE), né à Sainte-Anne, commune de Senots (Oise), le 11 décembre 1831, promotion du 10 novembre 1857, chevalier de l'ordre de saint Grégoire-le-Grand, licencié en droit.

† LE PROUX (Fernand), né à Saint-Quentin le 1er octobre 1844, promotion du 1er février 1869, avocat. Décédé le 25 juillet 1875.

† LE ROUX DE LINCY (Antoine-Jean-Victor), né à Paris le 22 août 1806, promotion de 1831, ✻, conservateur honoraire à la Bibliothèque de l'Arsenal, membre du Comité des travaux historiques (section d'archéologie) et de la Société des bibliophiles françois. Médaille au Concours des antiquités nationales (1842). Décédé à Paris, le 13 mai 1869.

* LESPINASSE (Louis-René LE BLANC DE), né à Bourges le 13 octobre 1843, promotion du 14 janvier 1867.

† LEVAILLANT DE FLORIVAL, né à Paris, 1re promotion, section des Archives, 1821, ✻, professeur d'arménien à l'École des langues orientales, membre de l'Académie arménienne de Venise. Décédé en 1863.

† LEVASSOR-SÉRESVILLE (Jacques), né à Chartres le 31 octobre 1810, promotion de 1833. Décédé en 1834.

* LOT (Henri-Ernest), né à Paris le 5 mai 1834, promotion du 15 novembre 1858, archiviste aux Archives nationales, trésorier de la Société de l'École des chartes.

LOTH (Arthur-Joseph-Marie), né à Lille le 16 décembre 1842, promotion du 1er février 1869, avocat.

* LUCE (Auguste-Siméon), né à Bretteville-sur-Ay (Manche), le 29 décembre 1833, promotion du 15 novembre 1858, docteur ès-lettres, membre de la Société royale des Antiquaires de Londres, auxiliaire de l'Académie des inscriptions, archiviste aux Archives nationales, ancien archiviste du département des Deux-Sèvres, ancien chef de cabinet du sénateur chargé de l'administration des Bouches-du-Rhône. Mention très-honorable au Concours des antiquités nationales en 1860. Premier prix Gobert de l'Académie des inscriptions en 1870 et en 1876.

† MABILLE (Emile), né à Tours le 20 décembre 1828, promotion du 16 novembre 1852, employé au département des manuscrits de la Bibliothèque nationale, membre de la Société des anti-

quaires de France. Prix à la Société archéologique de Touraine (1858); mentions au Concours des antiquités nationales (1867 et 1871). Décédé à Boulogne-sur-Seine le 24 septembre 1874.

* MAÎTRE (Léon-Auguste), né à Troyes le 29 novembre 1840, promotion du 9 janvier 1865, officier d'Académie, archiviste de la Loire-Inférieure, ancien archiviste de la Mayenne. 1re mention honorable au Concours académique de Rennes en 1869.

MALLET (Alfred-Charles-Paul), né à Paris le 25 mars 1848, promotion du 22 janvier 1872, licencié ès-lettres.

* MANDROT (Bernard-Édouard), né au Havre (Seine-Inférieure), le 7 novembre 1848, promotion du 22 janvier 1872, officier d'Académie.

† MANNEVILLE (Charles-André-Aymar, comte DE), né à Soissons le 24 juin 1851, promotion du 18 janvier 1876, attaché au service des travaux historiques du ministère des finances. Décédé à Paris le 15 mars 1876.

* MARCHEGAY (Paul-Alexandre), né à Saint-Germain-de-Prinçay (Vendée), le 10 juillet 1812, promotion de 1837, ✿, officier de l'Instruction publique, licencié en droit, conseiller d'arrondissement, archiviste honoraire du département de Maine-et-Loire, membre non résidant du Comité des travaux historiques. Médaille au Concours des antiquités nationales en 1844, rappel en 1846.

MARIN DARBEL, né à   , 1re promotion, section de la Bibliothèque royale, 1821.

MARION (Claude-Jules), né à Dijon le 29 janvier 1818, promotion de 1843, ancien attaché aux travaux historiques du Ministère de l'instruction publique, ancien membre de la Commission des Archives départementales et du Comité des travaux historiques.

* MARSY (Alexandre-Charles-Arthur comte DE), né à Doullens le 4 septembre 1843, promotion du 9 janvier 1865, officier d'Académie, décoré de plusieurs ordres étrangers, licencié en droit, correspondant du Ministère de l'instruction publique pour les travaux historiques, secrétaire de la Société historique de Compiègne, conservateur du musée Vivenel à Compiègne (Oise).

MARTEL (Félix-Louis), né à Boulogne-sur-Mer (Pas-de-Calais), le 22 février 1852, promotion du 15 janvier 1877.

* MARTIN (Marie-Radegonde-Henry), né à Airvault (Deux-Sèvres), le 27 août 1852, promotion du 18 janvier 1876, surnuméraire à la Bibliothèque de l'Arsenal.

MARTONNE (Louis-Georges-Alfred DE), né au Havre (Seine-Inférieure), le 30 août 1829, promotion de 1843, imprimeur, ancien professeur d'histoire au collége de Draguignan, ancien archiviste de Loir-et-Cher.

* MARTY-LAVEAUX (Charles), né à Paris le 15 avril 1823, promotion du 5 février 1849, ✳, licencié ès-lettres, membre du Comité des travaux historiques (section d'histoire et de philologie), ancien sous-chef du Catalogue des imprimés de la Bibliothèque impériale, ancien secrétaire de l'École des chartes. Prix à l'Académie française (1859).

* MAS LATRIE (Jacques-Marie-Joseph-Louis DE), né à Castelnaudary (Aude), le 9 avril 1815, promotion de 1839, O. ✳, officier d'Académie, chef de la section législative et judiciaire aux Archives nationales, professeur à l'École des chartes, membre du Comité des travaux historiques (section d'histoire et de philologie). Prix à l'Académie des inscriptions (1843). Médaille au Concours des antiquités nationales (1850). 1er et 2e prix Gobert (1862 et 1873).

* MAS LATRIE (René-Marie-Louis DE), né à Paris le 23 septembre 1844, promotion du 15 janvier 1866, officier d'Académie, licencié en droit, sous-chef au cabinet du Ministre de l'instruction publique et des beaux-arts, ancien auditeur au Conseil d'État, ancien sous-préfet. Mention honorable au Concours des antiquités nationales (1867).

* MAULDE (Marie-Alphonse-René DE), né à Nibelle (Loiret), le 18 août 1848, promotion du 17 janvier 1870, officier d'Académie, chevalier de la Couronne d'Italie, licencié en droit, sous-préfet à Tournon (Ardèche), ancien sous-préfet à Bonneville (Haute-Savoie) et aux Sables-d'Olonne (Vendée), ancien chef de cabinet des préfets de l'Allier et de Vaucluse. Médaille d'or de la Société des Sciences et Arts d'Orléans (1868). Médaille au Concours de la Société archéologique de l'Orléanais (1870). Mention honorable au Concours des antiquités nationales (1872).

MAUPAS (François-Émile), né à Vaudry (Calvados), le 2 juillet 1842, promotion du 14 janvier 1867, conservateur-adjoint de la Bibliothèque-Musée d'Alger, ancien archiviste des départements du Cantal et d'Alger.

† MAUPRÉ (François), né à Gallardon (Eure-et-Loir), le 21 juillet 1832, promotion du 21 novembre 1859, archiviste de la Charente, puis du Loiret. Décédé à Orléans le 25 février 1875.

* MERLET (Lucien-Victor-Claude), né à Vannes (Morbihan), le 4 juin 1827, promotion du 25 novembre 1850, ✻, officier d'Académie, licencié ès-lettres, archiviste d'Eure-et-Loir, correspondant du Ministère de l'instruction publique pour les travaux historiques. 1er prix au Concours des Sociétés savantes (1861), et mention très-honorable (1865). Mention très-honorable au Concours des antiquités nationales (1858); 2e médaille (1859); 1re médaille au même concours (1867).

* MEUNIER DU HOUSSOY (François-Ernest), né à Joinville-le-Pont (Seine), le 25 juin 1847, promotion du 1er février 1869, attaché à la légation de France en Grèce.

† MÉVIL (SAINTE-MARIE), né à Paris le 29 mars 1824, promotion de 1845, avocat, archiviste de Seine-et-Oise, auxiliaire de l'Académie des inscriptions, attaché au catalogue des manuscrits de la Bibliothèque impériale. Décédé à Versailles le 6 juin 1869.

* MEYER (Marie-Paul-Hyacinthe), né à Paris (Seine), le 17 janvier 1840, promotion du 28 janvier 1861, officier d'Académie, chargé de cours à l'École des chartes (1869), professeur du cours de langues et littératures de l'Europe méridionale au Collége de France (1876), membre du Comité des travaux historiques (section d'histoire et de philologie), 1865 ; archiviste de la ville de Tarascon (Rhône), 1862; attaché au catalogue des manuscrits de la Bibliothèque impériale (1863-5), archiviste aux Archives nationales (1866-72), attaché aux travaux de l'Académie des inscriptions et belles-lettres (1869-76), secrétaire de l'École des chartes (1872-76). 1re mention au Concours des antiquités nationales (1866). 1re médaille au même concours en 1872. Prix ordinaire de l'Académie des inscriptions (1874).

* MOLARD (François-Joseph-Marie-Aimé), né à Chambéry le 1er mai 1845, promotion du 14 janvier 1867, officier d'Académie, licencié en droit, ancien archiviste de la Corse.

* MOLINIER (Auguste-M.-L.-Em.), né à Toulouse le 30 septembre 1851, promotion du 27 janvier 1873.

* MONTAIGLON (Anatole DE COURDE DE), né à Paris le 28 novembre 1824, promotion du 8 avril 1850, ✻, professeur à l'École des chartes, membre du Comité des travaux historiques (section

d'archéologie) et de la Société des antiquaires de France, ancien attaché à la bibliothèque de l'Arsenal, ancien sous-bibliothécaire à la Bibliothèque Sainte-Geneviève, ancien secrétaire de l'École des chartes.

* Montrond (Clément-Melchior-Justin-Maxime Fourcheut de), né à Bagnols-sur-Cèze (Gard), le 4 septembre 1805, promotion de 1831, chevalier de l'ordre de saint Grégoire-le-Grand, ancien auxiliaire de l'Académie des inscriptions et belles-lettres (de 1833 à 1847), ancien correspondant du Ministère de l'instruction publique pour les travaux historiques, chargé en 1851 par M. le maire de Nîmes (Gard) du classement et de l'inventaire des Archives communales de ladite ville, chargé en 1862 du classement et de l'inventaire des archives hospitalières de Châlons-sur-Marne, homme de lettres, rédacteur de la *Bibliographie catholique*.

* Morel-Fatio (Alfred-Paul-Victor), né à Strasbourg le 9 janvier 1850, promotion du 19 janvier 1874, employé au département des manuscrits de la Bibliothèque nationale.

* Morelot (l'abbé Louis-Simon-Étienne-Hugues), né à Dijon le 12 janvier 1820, promotion de 1845.

† Murcier (Arthur), né à Vitray (Eure-et-Loir), le 22 mars 1830, promotion du 14 novembre 1854. Mention honorable au Concours des antiquités nationales. Décédé en 1873.

Musset (Paul-Louis-Eutrope-Georges), né à Thairé (Charente-Inférieure) le 26 novembre 1844, promotion du 22 janvier 1872, membre du conseil d'arrondissement de Rochefort-sur-Mer (Charente-Inférieure), licencié en droit, membre de l'Académie de la Rochelle, de la Commission des Arts et Monuments de la Charente-Inférieure, du Comité de publication de la Société des Archives historiques de la Saintonge et de l'Aunis, etc., notaire à Thairé.

* Neuville (Jean-Baptiste-Didier-Jules), né à Paris le 6 décembre 1854, promotion du 15 janvier 1877, attaché aux Archives du Ministère de la marine.

* Normand (Jacques-Clary-Jean), né à Paris le 25 novembre 1848, promotion du 19 janvier 1875, licencié en droit, avocat, homme de lettres.

* Paillard (Charles-Alphonse-Mathurin), né à Saint-Mihiel (Meuse), le 9 mars 1817, promotion de 1839, C ✼, ancien préfet du Cantal, de Lot-et-Garonne et du Pas-de-Calais. Lauréat de l'Académie de Belgique. Médaille au Concours des antiquités nationales (1839).

† Pannier (Léopold-Charles-Augustin), né à Paris le 15 avril 1842, promotion du 1er février 1869, licencié en droit, employé au département des manuscrits de la Bibliothèque nationale. Mention honorable au Concours des antiquités nationales (1873). Décédé à Paris le 9 novembre 1875.

* Paradis (l'abbé Frédéric-Auguste), né à Bourg Saint-Andéol (Ardèche), le 5 mai 1830, promotion du 13 novembre 1855, licencié en droit, premier vicaire à Saint-Thomas d'Aquin.

* Parfouru (Alfred-Paul), né à Saint-Clair (Manche), le 19 août 1846, promotion du 19 janvier 1874, archiviste du Gers.

* Paris (Bruno-Paulin-Gaston), né à Avenay (Marne), le 9 août 1839, promotion du 27 janvier 1862, ✳, licencié en droit, docteur ès-lettres, membre de l'Académie des inscriptions et belles-lettres, professeur du cours de langue et littérature française du Moyen-Age au Collège de France, directeur à l'École pratique des Hautes-Études. 1er prix Gobert à l'Académie des inscriptions (1866 et 1872).

* Pasquier (Félix-Étienne-Charles), né à Paris le 8 octobre 1846, promotion du 27 janvier 1873, avocat, archiviste du département de l'Ariége.

* Passy (Louis-Paulin), né à Paris le 4 décembre 1830, promotion du 16 novembre 1852, docteur en droit, ancien membre de l'Assemblée nationale, député des Andelys (Eure), ancien sous-secrétaire d'État au Ministère des finances, membre du Comité des travaux historiques (section d'histoire et philologie) et de la Société des antiquaires de France, lauréat de l'Académie de Rouen.

† Pécantin (Charles), né à Orléans le 15 mai 1827, promotion du 16 novembre 1852, licencié ès-lettres, archiviste de Lot-et-Garonne, sous-chef du bureau des Archives départementales au Ministère de l'intérieur. Décédé le 25 février 1861.

* Pécoul (Auguste-Louis), né à Draveil (Seine-et-Oise), le 20 novembre 1837, promotion du 9 janvier 1865.

* Pélicier (Paul-Jules), né à Paris le 17 septembre 1838, promotion du 27 janvier 1862, officier d'Académie, agrégé d'histoire, professeur d'histoire au lycée de Pontivy.

* Pelletan (Charles-Camille), né à Paris le 23 juin 1846, promotion du 1er février 1869, journaliste.

* Périn (Jules), né à Arras (Pas-de-Calais), le 27 mars 1834, promotion du 15 novembre 1858, officier de l'Instruction publique, avocat à la Cour d'appel de Paris, docteur en droit, suppléant du juge de paix du Vᵉ arrondissement, membre de l'Académie de législation de Toulouse, etc.

† Pétigny (Jules de), né à Paris, 1ʳᵉ promotion, section des Archives, 1821, ✻, conseiller de préfecture à Blois, membre libre de l'Académie des inscriptions. Prix Gobert à l'Académie des inscriptions (1845), médaille au Concours des antiquités nationales (1849). Décédé en avril 1858.

Pontal (Esprit-Édouard), né à Bourg-Saint-Andéol (Ardèche) le 11 novembre 1851, promotion du 19 janvier 1875, chef de cabinet du préfet de la Marne.

Pontavice de Vaugarny (Guy-Marie du), né à Fougères le 27 janvier 1842, promotion du 1ᵉʳ février 1869, ✻, licencié en droit.

Pontmartin (Augustin-J.-Henri-Marie de), né à Avignon le 21 août 1844, promotion du 1ᵉʳ février 1869, licencié en droit.

* Port (François-Célestin), né à Paris le 23 mai 1828, promotion du 16 novembre 1852, ✻, officier d'Académie, licencié ès-lettres, archiviste du département de Maine-et-Loire, correspondant de l'Académie des inscriptions et belles-lettres et du Ministère de l'Instruction publique, de la Commission de topographie des Gaules et de la Société des Antiquaires. Médailles aux Concours des antiquités nationales de 1853 et 1874, rappel de médaille (1861), 1ᵉʳ prix Gobert à l'Académie des inscriptions (1877).

* Pougin (Isidore-Paul), né à Paris le 23 mars 1835, promotion du 11 novembre 1856, ancien archiviste des Côtes-du-Nord.

* Prost (Pierre-Henry-Bernard), né à Clairvaux (Jura), le 25 juillet 1849, promotion du 17 janvier 1870, archiviste du Jura, inspecteur des archives communales du Jura, correspondant du Ministère de l'instruction publique pour les travaux historiques, membre de la Société d'émulation du Jura, membre correspondant de la Société d'émulation du Doubs et de la Société d'agriculture, sciences et arts de Poligny. Médaille à l'Académie de Besançon, 1872, prix d'économie politique en 1874, médaille à la Société d'agriculture, sciences et arts de Poligny, en 1868 et 1869.

Prudhomme (Marie-Antoine-Auguste), né à Bourguin (Isère), le 6 mars 1850, promotion du 15 janvier 1877.

4

* Quicherat (Julien-Étienne-Joseph), né à Paris le 15 octobre 1814, promotion de 1835, ✳, officier de l'Instruction publique, directeur de l'École des chartes et professeur à la même école, vice-président de la section d'archéologie du Comité des travaux historiques, membre de la Commission des Monuments historiques et de celle des Archives départementales, membre de la Société des antiquaires de France, ancien président de la Société de l'École des chartes.

* Raymond (Paul), né à Belleville (Seine), le 8 septembre 1833, promotion du 10 novembre 1857, officier de l'Instruction publique, archiviste des Basses-Pyrénées, correspondant du Ministère de l'instruction publique pour les travaux historiques.

* Raynaud (Gaston-Charles), né à Paris le 14 avril 1850, promotion du 19 janvier 1875, bachelier ès-lettres et ès-sciences, licencié en droit, ancien élève de l'École pratique des Hautes-Études, secrétaire-adjoint de la Commission du catalogue des manuscrits des bibliothèques départementales, secrétaire-adjoint de la Société des anciens textes français et provençaux, surnuméraire au département des manuscrits de la Bibliothèque nationale. Mention honorable au Concours des antiquités nationales (1877).

* Redet (Xavier-Louis), né à Delémont (ancien département du Haut-Rhin), le 30 novembre 1807, promotion de 1833, ✳, officier d'Académie, licencié en droit, correspondant du Ministère de l'instruction publique pour les travaux historiques, président de la Société des archives historiques du Poitou, bibliothécaire de la Société des antiquaires de l'Ouest, archiviste en retraite du département de la Vienne.

Régnier (l'abbé François-Louis-Philippe), né à Dôle (Jura), le 18 novembre 1830, promotion du 11 novembre 1856, licencié ès-lettres, curé de Saint-Claude, ancien professeur à la Faculté de théologie de Paris.

* Rendu (Athanase-Louis, baron), né à Paris le 11 mai 1834, promotion du 15 novembre 1858, licencié en droit, ancien attaché aux Archives de l'empire.

Rendu (Eugène-Marie), né à Paris le 10 janvier 1824, promotion de 1847, ✳, licencié ès-lettres et en droit, inspecteur général honoraire de l'enseignement primaire, ancien député; membre du Comité des travaux historiques (section d'histoire et philologie).

* RENDU (Armand-Marie), né à Paris le 24 février 1844, promotion du 20 janvier 1868, licencié en droit, archiviste de l'Oise. Encouragement de 1000 fr. sur le prix La Fons-Mélicocq à l'Académie des inscriptions (1876).

REYNARD (Eugène-Marie-Félicité), né à Verdun (Meuse), le 26 mars 1821, promotion de 1845, ancien avoué.

REYNAUD (Félix), né à Marseille le 3 juillet 1849, promotion du 22 janvier 1872, archiviste-adjoint du département des Bouches-du-Rhône.

RICARD (Jean-Marie-Émile), né à Marseille le 8 septembre 1820, promotion de 1845, chef de division à la préfecture des Bouches-du-Rhône.

* RICHARD (Guy-Alfred), né à Saint-Maixent (Deux-Sèvres), le 4 février 1839, promotion du 11 janvier 1864, officier d'Académie, archiviste du département de la Vienne, correspondant du Ministère de l'instruction publique pour les travaux historiques, correspondant de la Commission de topographie des Gaules, ancien président de la Société des antiquaires de l'Ouest, ancien archiviste du département de la Creuse. Mention honorable au Concours des antiquités nationales (1877).

* RICHARD (Jules-Marie), né à Vitré (Ille-et-Vilaine), le 3 juin 1845, promotion du 27 janvier 1873, ancien élève de l'école forestière, archiviste du Pas-de-Calais.

* RICHOU (Gabriel), né à Angers le 4 novembre 1852, promotion du 19 janvier 1875, conservateur de la Bibliothèque de la Cour de Cassation, ancien attaché à la Bibliothèque nationale.

* RIMASSON (Jules-Marie-Hippolyte), né à Lécousse (Ille-et-Vilaine) le 31 janvier 1843, promotion du 1er février 1869, docteur en droit, ancien archiviste de la ville d'Orléans.

* RIPERT-MONCLAR (Joseph-Anne-Amédée-François, marquis DE), né à Paris le 31 mai 1844, promotion du 9 janvier 1865, ❋, officier de Notre-Dame de Guadalupe, chevalier de la Rose du Brésil, médaillé du Mexique ; bachelier ès-sciences, licencié en droit, consul de France à Brême (Allemagne) ; successivement attaché au ministère des Affaires Étrangères, 1864 ; attaché à la légation de France à Mexico, 1866 ; secrétaire de légation, puis chargé d'affaires de France à Lima (Pérou), 1869, et à Santiago du Chili, 1872, et consul de France à Tiflis (Russie), 1873.

* RIVAIN (Camille), né à Longué (Maine-et-Loire), le 23 décem-

bre 1849, promotion du 27 janvier 1873, archiviste de la Haute-Vienne, ancien archiviste du Cantal, avocat.

* ROBERT (Ulysse), né à Blancheroche (Doubs), le 6 août 1845, promotion du 27 janvier 1873, officier d'Académie, employé au département des manuscrits de la Bibliothèque nationale. Médaille d'or et mention honorable à l'Académie de Besançon (1866 et 1869), mention au Concours des antiquités nationales (1874).

* ROCQUAIN (Félix), né à Vitteaux (Côte-d'Or), le 3 mars 1833, promotion du 14 novembre 1854, archiviste aux Archives nationales. Mentions honorables au Concours des antiquités nationales (1855), et à l'Académie de Bordeaux.

ROLLE (Hippolyte), né à Paris, 1re promotion, section des Archives, 1821, ※, ancien bibliothécaire de la ville de Paris.

* ROSENZWEIG (Louis-Théophile), né à Paris le 6 juillet 1830, promotion du 13 novembre 1855, ※, officier de l'Instruction publique, bachelier ès-lettres et ès-sciences, archiviste du Morbihan, inspecteur des archives communales et hospitalières, président de la Société polymathique du Morbihan, correspondant du Ministère de l'instruction publique pour les travaux historiques, associé correspondant de la Société des antiquaires de France, correspondant de la commission de topographie des Gaules, membre de la commission chargée d'examiner, dans le Morbihan, les aspirants au brevet de capacité pour l'enseignement primaire. 2e prix au Concours des Sociétés savantes, en 1860, mention honorable au même concours en 1861.

* ROULLAND (Léon), né à Chartres le 27 octobre 1837, promotion du 12 janvier 1863, archiviste aux Archives nationales, auxiliaire de l'Académie des inscriptions et belles-lettres.

* ROY (Claude-Jules-Victor), né à Trepillot (Doubs), le 30 janvier 1844, promotion du 12 janvier 1872, licencié ès-lettres, professeur à l'École des chartes et répétiteur à l'École des Hautes-Études.

* ROZIÈRE (Thomas-Louis-Marie-Eugène DE), né à Paris le 2 mai 1820, promotion de 1845, O ※, officier de l'ordre des SS. Maurice et Lazare, officier d'Académie, membre de l'Académie des inscriptions et belles-lettres, du Comité des travaux historiques (section d'histoire et de philologie), et du Conseil de perfectionnement de l'École des chartes, inspecteur général des Archives départementales, professeur suppléant au Collége de France,

ancien répétiteur à l'École des chartes, ancien chef du cabinet du Ministre de l'instruction publique et des cultes, membre de l'Académie de législation de Toulouse, fondateur et rédacteur de la *Revue historique du droit français et étranger,* ancien président de la Société de l'École des chartes, ancien professeur à la même école. Lauréat de l'Académie des inscriptions et belles-lettres (1843). Mention hors ligne au Concours des antiquités nationales (1856).

* SAIGE (Marie-Joseph-Jules-Gustave), né à Paris le 20 août 1838, promotion du 27 janvier 1862, officier d'Académie, licencié en droit, archiviste aux Archives nationales, membre de la Commission des échanges scientifiques internationaux au Ministère de l'instruction publique. Médaille au Concours de l'Académie des sciences, inscriptions et belles-lettres de Toulouse en 1862, médaille au Concours des antiquités nationales en 1863.

† SAINT-BRIS (Théodore), né à Amboise (Indre-et-Loire), le 6 mai 1815, promotion de 1839, licencié en droit. Décédé en 1849.

* SAINT-MAURIS (le vicomte Yolan-Marie-René DE), né à Saint-Amour (Jura), le 29 août 1837, promotion du 11 janvier 1864, licencié en droit, secrétaire de la Société bibliographique.

† SALMON (André), né à Vouvray (Indre-et-Loire), le 26 avril 1818, promotion de 1843, archiviste honoraire de la ville de Tours. Décédé le 25 septembre 1857.

* SCHNEIDER (Marie-Joseph-Léon), né à Ribeauvillé (Haut-Rhin), le 14 novembre 1809, promotion de 1831, licencié en droit, sous-chef de la Section administrative aux Archives nationales, ancien auxiliaire de l'Académie des inscriptions et belles-lettres.

† SCHWEIGHÆUSER (Alfred), né à Strasbourg le 11 septembre 1823, promotion du 15 janvier 1849, licencié ès-lettres, ancien archiviste et bibliothécaire de la ville de Strasbourg. Décédé à Paris le 26 avril 1876.

* SCULFORT (Henry-Frédéric-Marie), né à Maubeuge (Nord), le 1er mai 1844, promotion du 17 janvier 1870, industriel.

* SENNEVILLE (Gaston-Henri DENIS DE), né à Paris le 11 mars 1839, promotion du 15 janvier 1866, conseiller-référendaire à la Cour des Comptes. Médaille à l'Académie des sciences morales (1866).

* SEPET (Marius-Cyrille-Alphonse), né à Paris le 11 janvier 1845, promotion du 15 janvier 1866, employé au département des manuscrits de la Bibliothèque nationale.

* Servois (Gustave-Marie-Joseph), né à Paris le 7 juin 1829, promotion du 14 novembre 1854, ✳, membre du Comité des travaux historiques (section d'histoire et de philologie) et du Conseil de la Société de l'Histoire de France, préfet de l'Isère, ancien sous-préfet à Dreux, secrétaire-général de la Haute-Garonne, préfet du Lot, de l'Aube, du Tarn et de la Sarthe.

Soehnée (Pierre-René-Guillaume), né à Paris le 24 janvier 1834, promotion du 11 novembre 1856, ancien archiviste du Tarn.

* Soury (Jules-Auguste), né à Paris le 28 mai 1842, promotion du 14 janvier 1867, licencié ès-lettres, employé au département des imprimés de la Bibliothèque nationale.

† Stadler (André-Eugène-Barthélemy de), né à Paris le 6 juin 1815, promotion de 1835, O. ✳, ancien archiviste aux Archives nationales, ancien inspecteur général des Archives départementales. Décédé à Vauhallan (Seine-et-Oise), le 23 avril 1875.

* Tardieu (Amédée-Eugène), né à Paris le 18 août 1822, promotion de 1843, ✳, licencié ès-lettres, bibliothécaire de l'Institut et auxiliaire de l'Académie des inscriptions.

* Tardif (Adolphe-François-Lucien), né à Coutances (Manche), le 12 février 1824, promotion du 5 février 1849, O. ✳, officier de l'Instruction publique, commandeur de l'ordre de Saint-Grégoire-le-Grand, docteur en droit, conseiller d'État en service extraordinaire, chef de division au Ministère de la justice et des cultes, professeur à l'École des chartes, membre honoraire du Comité des travaux historiques et des sociétés savantes.

* Tardif (Léon-Jules-Amédée), né à Coutances (Manche), le 22 septembre 1827, promotion du 8 avril 1850, ✳, chef de la section administrative aux Archives nationales, membre du Comité des travaux historiques (section d'histoire et de philologie). 1re médaille au Concours des antiquités nationales (1850).

* Teilhard (Alexandre-Victor-Emmanuel), né à Clermont-Ferrand le 31 mai 1844, promotion du 22 janvier 1871.

Tempier (Benoît), né à Saint-Étienne le 4 novembre 1844, promotion du 27 janvier 1873, archiviste des Côtes-du-Nord.

* Terrat (Barthélemy), né à Saint-Genest-Malifaux (Loire), le

2 juillet 1845, promotion du 19 janvier 1875, docteur en droit, professeur de droit à l'Université catholique de Paris, avocat à la Cour d'appel de Paris, ex-agrégé des Facultés de droit et attaché à la Faculté de Douai, membre correspondant de la Société d'agriculture, sciences et arts du département du Nord.

† TEULET (J.-B.-Théodore-Alexandre), né à Mézières (Ardennes), le 29 janvier 1807, promotion de 1831, ✳, archiviste aux Archives de l'empire, auxiliaire de l'Académie des inscriptions, membre de la Société des antiquaires de France. Médaille au Concours des antiquités nationales (1843). Décédé le 23 mai 1866.

* THOLIN (Georges), né à Amplepuis (Rhône), le 26 décembre 1843, promotion du 20 janvier 1868, officier d'Académie, archiviste du département de Lot-et-Garonne, correspondant du Ministère de l'instruction publique pour les travaux historiques, correspondant de la Société des antiquaires de France. 2ᵉ médaille au Concours des antiquités nationales en 1875.

† THOMASSY (Marie-Joseph-Raymond), né à Montpellier le 6 mai 1810, promotion de 1833, attaché aux travaux historiques du Ministère de l'instruction publique. Décédé en juillet 1863.

THOMEUF (Paul-Étienne), né à Lorient (Morbihan), le 4 août 1833, promotion du 15 novembre 1858, ancien archiviste du Jura, ancien employé aux Archives de la marine.

TOURILLON (Paul-Edmond), né à Paris le 20 août 1839, promotion du 28 janvier 1861, licencié en droit, notaire à Paris.

* TRANCHANT (Charles), né à Paris le 2 juin 1826, promotion du 8 avril 1850, O. ✳, licencié en droit, conseiller d'État, membre de la Société d'agriculture, belles-lettres, sciences et arts de Poitiers, de la Société des antiquaires de l'Ouest et de la Société des Archives historiques du Poitou, membre de la Commission des Archives départementales, ancien président de la Société de l'École des chartes, précédemment avocat à la Cour d'appel de Paris, secrétaire du Conseil d'administration du Ministère de la Justice, secrétaire général de la Compagnie des Messageries maritimes, membre du Conseil municipal de Paris, conseiller général des départements de la Vienne et de la Seine.

* TRAVERS (Charles-Émile), né à Caen le 9 juillet 1840, promotion du 15 janvier 1866, médaille de sauvetage de 2ᵉ classe, chevalier de l'ordre du Saint-Sépulcre, licencié en droit, ancien conseiller de préfecture du Calvados et du Rhône, anciennement

chargé du classement et de l'inventaire des Archives municipales de Béthune, ancien archiviste du Doubs, membre des Académies de Caen et d'Arras, et de la Société des antiquaires de Normandie. Prix de 1re classe à l'Académie d'Arras (1876).

* TUETEY (Alexandre), né à Saint-Pétersbourg le 11 septembre 1842, promotion du 12 janvier 1863, officier d'Académie, archiviste aux Archives nationales, ancien attaché au catalogue des manuscrits de la Bibliothèque nationale. Prix à l'Académie de Besançon (1863 et 1866), et au Concours des Sociétés savantes (1864), mention honorable au Concours des antiquités nationales (1864). 2e prix Gobert à l'Académie des inscriptions (1874).

* VAESEN (Joseph-Frédéric-Louis), né à Lyon le 18 mars 1852, promotion du 18 janvier 1876, licencié ès-lettres et en droit, chargé actuellement d'un dépouillement de documents relatifs à Louis XI à la Bibliothèque nationale.

† VALLET DE VIRIVILLE (Auguste), né à Paris le 23 avril 1815, promotion de 1837, ※, professeur à l'École des chartes, membre de la Société des antiquaires de France et du conseil de la Société de l'Histoire de France, archiviste de l'Aube. Médaille au Concours des antiquités nationales (1842), prix à l'Académie des sciences morales et politiques (1863). 2e prix Gobert à l'Académie des inscriptions (1864), 1er prix Gobert à la même Académie (1865). Décédé à Paris, le 19 février 1868.

† VAUDOIR-LAINÉ (Omer), né à Tours le 22 novembre 1844, promotion du 17 janvier 1870, licencié ès-lettres, employé à la Bibliothèque Sainte-Geneviève, ancien surnuméraire à la Bibliothèque de l'Arsenal. Décédé à Paris le 25 mars 1877.

* VAULCHIER DU DESCHAUX (le vicomte René-Gaspard DE), né à Besançon le 23 février 1817, promotion de 1839, licencié en droit.

* VAYSSIÈRE (Augustin-Louis), né à Vers-sous-Sellières (Jura), le 28 décembre 1850, promotion du 19 janvier 1875, archiviste de l'Ain.

* VÉTAULT (Alphonse-Anatole), né à la Ménitré (Maine-et-Loire) le 14 mai 1843, promotion du 20 janvier 1868, archiviste de la Marne. 1er prix Gobert à l'Académie française (1877).

* VEYRIER DU MURAUD (l'abbé Antoine-Adrien-Paul), né à Caen le 31 juillet 1839, promotion du 27 janvier 1862, vicaire à Saint-Georges de Belleville, ancien archiviste de la ville d'Orléans.

* VILLEFOSSE (Étienne-Marie HÉRON DE), né à Paris le 10 juin

1825, promotion du 15 janvier 1849, archiviste de la Nièvre, ancien auxiliaire de l'Académie des inscriptions.

* VILLEFOSSE (Antoine-Marie-Albert HÉRON DE), né à Paris le 8 décembre 1845, promotion du 1er février 1869, ✻, officier de l'ordre du Nichan-Iftikar, etc., attaché au département des Antiques au Musée du Louvre, membre de la Commission de la topographie des Gaules.

* VIOLLET (Marie-Paul), né à Tours le 24 octobre 1840, promotion du 27 janvier 1862, licencié en droit, bibliothécaire de la Faculté de droit de Paris, ancien secrétaire-archiviste de la ville de Tours, ancien archiviste aux Archives nationales.

* WEY (Francis-Alphonse), né à Besançon le 12 août 1812, promotion de 1835, O. ✻, officier de l'Instruction publique, inspecteur général des Archives départementales, membre du Comité des travaux historiques (section d'histoire et de philologie), ancien président du Comité de la Société des Gens de lettres.

IV.

LISTE PAR ORDRE DE PROMOTIONS.

Cette liste comprend les noms des élèves qui ont suivi les cours sous le régime de l'ordonnance de 1821, et les noms de ceux qui sous le régime des ordonnances de 1829 et 1846 ont été, à la suite d'examens, admis aux cours de seconde année. Nous suivons l'ordre de classement arrêté par le jury d'examen, et nous distinguons chaque promotion par la date de la délibération de la Commission de l'École ou du Conseil de perfectionnement qui a admis les élèves aux cours de seconde année. A partir du régime de l'ordonnance de 1846, nous adoptons, comme on l'a fait dans le Supplément du Livret publié en 1859, la date de la soutenance des thèses ; on trouvera l'ordre d'admission à l'examen de la fin de la première année dans l'ancien livret (pages 28-30) pour les six promotions de 1847 à 1852. — Il n'est pas inutile de rappeler que, sous le régime de l'ordonnance de 1829, l'année scolaire commençait au mois de janvier ; sous le régime actuel, elle commence en novembre.

Les élèves de deux promotions (25 novembre 1850 et 16 novembre 1852) ont dû subir des examens pour entrer à l'école, en première année. Nous donnerons en note le résultat de ces examens.

RÉGIME DE L'ORDONNANCE DE 1821.

Promotion du 11 mai 1821.

Première Section. — Cours de la Bibliothèque royale.

LANDRESSE (Ernest-Augustin-Xavier CLERC DE).
LACABANE (Jean-Léon).
LENOBLE (Alexandre).
MARIN-D'ARBEL.
CAPEFIGUE (Jean-Baptiste-Honoré-Raymond).
FAUDET (Pierre-Augustin).
FLOQUET (Pierre-Amable).

Promotion du 21 décembre 1821.

Deuxième Section. — Cours des Archives du Royaume.

PÉTIGNY (Jules DE).
GUÉRARD (Benjamin-Edme-Charles).
BURNOUF (Eugène).
BARBIÉ DU BOCAGE (Alexandre-François).
ROLLE (Hippolyte).
LEVAILLANT DE FLORIVAL (P.-E.).

RÉGIME DE L'ORDONNANCE DE 1829 [1].

Promotion du 3 janvier 1831 [2].

TEULET (Jean-Baptiste-Théodore-Alexandre).

[1]. Voir à la suite de cette liste un tableau des promotions de 1831 à 1861.

[2]. Nous croyons utile d'ajouter à chaque promotion une liste dans laquelle les noms sont rangés d'après la date à laquelle la commission de l'École ou le Conseil de perfectionnement a déclaré les élèves aptes à recevoir le diplôme et d'après le rang assigné aux élèves par la Commission ou le Conseil :

15 décembre 1832. *Diplôme* du 2 février 1833. MM. Teulet, Schneider, Montrond. Chelle, Le Roux de Lincy.

Schneider (Marie-Joseph-Léon).
Fourcheut de Montrond (Clément-Melchior-Justin-Maxime).
Chelle (Claude-Charles).
Hugot (Louis-Philippe-Henri) [1].
Le Roux de Lincy (Antoine-Jean-Victor).

Promotion du 28 janvier 1833 [2].

Fallot (Jean-Frédéric-Gustave).
Redet (Xavier-Louis).
David (Louis-Charles).
Douet d'Arcq (Louis-Claude).
Thomassy (Marie-Joseph-Raymond) [3].
Levassor-Seresville (Jacques).

Promotion du 17 janvier 1835 [4].

Stadler (André-Eugène-Barthélemy de).
Quicherat (Julien-Étienne-Joseph).
Delpit (Jean-Martial).
Bernhard (Marie-Bernard).
Leglay (Édouard-André-Joseph).
Borel d'Hauterive (André-François-Joseph).
Wey (Francis-Alphonse).
Boca (Louis).

Promotion du mois de janvier 1837 [5].

Guessard (Francis).
Géraud (Pierre-Hercule-Joseph-François).
Vallet de Viriville (Auguste).
Fréville (Charles-Ernest de).
Marchegay (Paul-Alexandre).
Clairefond (Antoine-Marius).
Certain (Antoine-Eugène de).
Eisenbach (Gabriel).

1. Dipl. du 25 mai 1835.
2. 6 décembre 1834. Fallot, Redet, Douët d'Arcq, David.
3. 17 janvier 1835.
4. 24 janvier 1837. *Dipl.* du 27 février. MM. Quicherat, De Stadler, Delpit, Borel d'Hauterive, Bernhard, Leglay, Wey, Boca.
5. 15 février 1839. Géraud, Marchegay. Guessard. Clairefond. De Certain. De Fréville, Eisenbach. Vallet de Viriville.

Promotion du 24 décembre 1838 [1].

SAINT-BRIS (Théodore).
PAILLARD DE SAINT-AIGLAN (Charles-Alphonse-Mathurin).
MAS LATRIE (Jacques-Marie-Joseph-Louis DE).
BOURQUELOT (Louis-Félix).
BATAILLARD (Paul-Théodore).
VAULCHIER DU DESCHAULX (René-Gaspard DE).
BORDIER (Henri-Léonard).
LAGET DE HASENBAUMER (Antoine-Frédéric-Auguste).

Promotion du 21 décembre 1840 [2].

DELOYE (Augustin-Esprit-Lubin).
AUBINEAU (Léon).
BARBEU DU ROCHER (Alfred).
DUCHALAIS (Ursin-Jean-Baptiste-Adolphe).
JANIN (François-Eugène).
AUDREN DE KERDREL (Vincent-Paul-Marie-Casimir).
DARESTE DE LA CHAVANNE (Antoine-Élisabeth-Cléophas).
DEMANTE (Auguste-Gabriel).
LALANNE (Marie-Ludovic).

Promotion du 29 décembre 1842 [3].

MARION (Claude-Jules).
GUIGNARD (Pierre-Philippe).
TARDIEU (Amédée-Eugène).
ALLEAUME DE CUGNON (Charles-Jacques-Louis).
GARDET (Jacques-Édouard).
MARTONNE (Louis-Georges-Alfred DE).
SALMON (André).
BARTHÉLEMY (Jean-Baptiste-Antoine-Anatole DE).
CHATEL (Eugène-Athanase).

1. 28 janvier 1841. *Dipl.* du 7 février. De Mas Latrie, Bourquelot, Bordier, De Vaulchier Du Deschaulx. — 16 juillet 1841. *Dipl.* du 22 juillet. MM. Bataillard et Laget.
2. 2 février 1843. *Dipl.* du 26 février. MM. Deloye, Aubineau, Janin, Duchalais, Dareste (Cl.), Demante.
3. 5 mars 1845. *Dipl.* du 22 mars. Marion, Tardieu, Guignard.

Promotion du 23 décembre 1844 [1].

Rozière (Thomas-Louis-Marie-Eugène de).
Morelot (Louis-Simon-Étienne-Hugues).
Lebeurier (l'abbé Pierre-François).
Cucheval-Clarigny (Athanase).
Ricard (Jean-Marie-Émile).
Dareste de la Chavanne (Cléophas-Madeleine-Rodolphe).
Mévil (Charles-Henri Sainte-Marie).
Reynard (Eugène-Marie-Félicité).

Promotion du 4 janvier 1847 [2].

Tardif (Adolphe-François-Lucien).
Delisle (Léopold-Victor).
Boisserand de Chassey (Dominique-Claude).
Marty-Laveaux (Charles).
Duranton (Jean-Baptiste-Alexandre-Stanislas).
Fanjoux (Georges).
Himly (Louis-Auguste).
François Saint-Maur (Eustache-Maur).
Bastard d'Estang (Jean-Denis-Léon de).
Huron (Édouard-Joseph-Marie).
Duplès-Agier (Théodore-Henri-Léon-Auguste).
Guinard (Félix-Charles-Marie).
Gossin (Léon-Pierre).
Héron de Villefosse (Étienne-Marie).
Schweighæuser (Alfred).
Rendu (Eugène-Marie).

1. 10 décembre 1846. *Dipl.* du 24 décembre. MM. de Rozière, Lebeurier, Cucheval-Clarigny, Mévil, Dareste (Rod.), Morelot et Reynard.
2. Les élèves de cette promotion ont suivi les cours de première année et subi l'examen d'entrée sous le régime de l'ordonnance de 1829; ils ont achevé leurs études sous le régime de l'ordonnance du 31 décembre 1846 et ont été déclarés aptes à recevoir le diplôme dans l'ordre suivant le 15 janvier 1849 (diplôme du 5 février) : MM. Himly, Tardif (A.), Delisle, Boisserand, Gossin, de Bastard, Schweighæuser, Marty-Laveaux, Huron, Héron de Villefosse, Chatel.

RÉGIME DE L'ORDONNANCE DE 1846.

Promotion du 8 avril 1850.

GRÉA (Marie-Étienne-Adrien).
GRANDMAISON (Pierre-Charles-Armand LOYSEAU DE).
TARDIF (Léon-Jules-Amédée).
TRANCHANT (Louis-Charles-Marie).
MONTAIGLON (Anatole DE COURDE DE).
GARNIER (Charles-Édouard).
DUPLÈS-AGIER (Théodore-Henri-Léon-Auguste) [1].

Promotion du 25 novembre 1850 [2].

D'ARBOIS DE JUBAINVILLE (Marie-Henri).
JACOBS (Alfred-Joseph).
BEAUREPAIRE (Charles-Marie DE ROBILLARD DE).
MERLET (Lucien-Victor-Claude).

Promotion du 11 novembre 1851 [3].

BOUTARIC (Edgard-Paul).
LECARON (Frédéric-Natalis).
CHARONNET (Charles).

Promotion du 16 novembre 1852.

LA BORDERIE (Louis-Arthur LE MOYNE DE).
PASSY (Louis-Paulin).
AUGER (Ernest-Édouard).
MABILLE (Louis-Émile).
PÉCANTIN (Charles-François).

---

1. M. Duplès-Agier avait subi le premier examen avec la promotion du 4 janvier 1847.

2. Voici dans quel ordre les élèves de cette promotion avaient été admis le 20 novembre 1847 à suivre les cours de première année : MM. Jacobs, d'Arbois, Guillet, Poulet-Malassis, Ch. de Beaurepaire, Merlet, Charonnet, Lagache, Eug. de Beaurepaire, Lemesle, Du Courthial, Bessot de La Mothe, Cadis, Brun, Barbet, Vieille.

3. Ordre d'admission aux cours de première année, fixé par le Conseil de perfectionnement le 6 décembre 1848 : MM. Soret, Lecaron, Letronne, Legentil, Crampon, Boutaric, Chazaud, Rose, Cocheris, Langlois. — Cette promotion est la dernière qui ait été soumise, à cette époque, à l'examen d'entrée, cette disposition ayant été rapportée par le décret du 18 octobre 1849.

Port (François-Célestin).
Baudouin (Auguste-Adolphe).
Chazaud (Martial-Alphonse).
Dupont (Edmond-Louis).
Cocheris (Hippolyte-François-Jules).

Promotion du 15 novembre 1853.

Giraud (Louis-Alfred).
Garin (Jean-Henri-Auguste).
Bertrandy (Martin).
Chambrun (Charles-Adolphe Pineton de).
Grégoire (Ernest).
Gastines (Charles-Marie-Albert-Léonce de Macé de).

Promotion du 14 novembre 1854.

Servois (Gustave-Marie-Joseph).
Chassaing (Jean-Baptiste-François-Augustin).
Rocquain (Théodore-Félix).
Boullé (Jacques-Marie-Jules).
Lacour (Louis).
Casati (Claude-Marie-Charles).
Laborde (Théodore).
Gros-Burdet (Édouard).
Murcier (François-Arthur).

Promotion du 13 novembre 1855.

Castan (Ferréol-Fr.-Jos.-Auguste).
Gautier (Em.-Léon-Théodore).
Paradis (Fr.-Auguste).
Delore (Éloi).
Rosenzweig (Louis-Théophile).
Hiélard (Charles-Léon).
Barberaud (Guill.-Ant.-Charles).
Junca (M.-J.-Étienne).

Promotion du 11 novembre 1856.

Baillet (Auguste-Théophile).
Soehnée (P.-René-Guillaume).
Desjardins (Gustave-Adolphe).
Blancard (Marc-Marie-Fr.-Louis).

BERTRAND (Jean-Gustave).
GUIGUE (Marie-Claude).
REGNIER (Fr.-Louis-Philippe).
POUGIN (Isidore-Paul).
CROSET (Ernest-Edmond).

Promotion du 10 novembre 1857.

KRŒBER (Ferdinand-Philippe-Auguste).
LEFÈVRE (André).
BUCHÈRE DE L'ÉPINOIS (Henri-Charles-Ernest DE).
BAUQUIER (Charles).
RAYMOND (Paul).
CAMPARDON (Louis-Émile).

Promotion du 15 novembre 1858.

LAIR (Jules-Auguste).
LUCE (Auguste-Siméon).
GOUGET (Alexandre-Louis-Marie-Antoine).
DESPLANQUE (Alexandre-Joseph).
LOT (Henri-Ernest).
BRIÈLE (Arsène-Léon).
THOMEUF (Paul-Étienne).
RENDU (Athanase-Louis).
DAIGUSON (Louis-Jean-Lucien-Maurice).
PÉRIN (Jules-Albert-Henri).

Promotion du 21 novembre 1859.

LACOMBE (Paul).
CHAMBURE (Hugues PELLETIER DE).
GOUVENAIN (Louis-Antoine DE).
CHÉRON (Paul).
MAUPRÉ (François).

Promotion du 28 janvier 1861.

TOURILLON (Paul-Edmond).
LECOY DE LA MARCHE (Richard-Albert).
FAUGERON (Hector-Paul).
MEYER (Marie-Paul-Hyacinthe).
DURANDE (Henri-Amédée).
LEBRETHON (Hippolyte-Achille).

Promotion du 27 janvier 1862.

VIOLLET (Marie-Paul).
PARIS (Bruno-Paulin-Gaston).
VEYRIER DU MURAUD (Antoine-Adrien-Paul).
PÉLICIER (Paul-Jules).
SAIGE (M.-J.-Jules-Gustave).
HUBERT (Jean-Baptiste-Théodore).
BUCHÈRE DE BÉSALLES (Paul).

Promotion du 12 janvier 1863.

TUETEY (Alexandre).
GUIFFREY (Jules-M.-J.).
JOIGNY (Edmond-Marie-Aug.).
DEPREZ (Marie-Michel-Denis).
LABORDE (V.-A.-A.-Joseph DE).
FLEURY (P.-Paul-Armand DE).
ROULLAND (Léon).

Promotion du 11 janvier 1864.

ARCELIN (G.-M.-V.-Adrien).
BOUYER (J.-M.-Adolphe).
COUDRE (Joseph-Ad.).
RICHARD (Guy-Alfred).
FONTENAY (Antoine-Harold DE).
BESSOT DE LAMOTHE (Alexandre).
SAINT-MAURIS (Yolan-Marie-René DE).

Promotion du 9 janvier 1865.

RIPERT-MONCLAR (François DE).
LEMONNIER (Joseph-Henri).
ALGLAVE (Émile).
ACHARD (Marie-Antoine-Félix).
MAÎTRE (Auguste-Léon).
FINOT (Adr.-Jules-Anastase).
DUVAL (Louis-Fr.-Marie).
PÉCOUL (Auguste-Louis).
DUHAMEL (Léopold-J.-P.-Em.).
MARSY (Alexandre-Ar.-Arthur DE).
BLANC (J.-M.-Félix).

5

Promotion du 15 janvier 1866.

Sepet (Marius-Cyrille-Alphonse).
Bruel (Louis-Alexandre).
Travers (Charles-Émile).
Barbier de la Serre (Roger-Charles-Maurice).
Lefoullon (L.-Victor-Anatole).
Mas Latrie (René-Louis-Marie de).
Senneville (Gaston-Henri Denis de).
Doinel (Jules-Benoît).
Bertrand (Laurent-Arthur).
Bernard (A.-An.-Ph.-Daniel).

Promotion du 14 janvier 1867.

Courajod (Louis-Charles-Léon).
Molard (Fr.-Jos.-Marie-Aimé).
Fagniez (Gustave-Charles).
Maupas (François-Émile).
Soury (Jules-Auguste).
Lespinasse (Louis-René Leblanc de).

Promotion du 20 janvier 1868.

Cauwès (Paul-Louis).
Dubois (Arthème-Marie-Gaston).
Bonnardot (François).
Tholin (Eustache-Georges).
Vétault (Alphonse-Anatole).
Duchemin (Victor-Tranquille).
Rendu (Armand-Marie).
Le Grand (Etienne-Victor-Théodore).
Beaucorps (Maxime-Georges-Marie de).
Chauffier (Louis-Marie).

Promotion du 1er février 1869.

Aubry-Vitet (Pierre-Jean-Eugène).
Pontmartin (Augustin-J.-Henri-Marie de).
Pelletan (Charles-Camille).
Héron de Villefosse (Antoine-Marie-Albert).
Pannier (Léopold-Charles-Augustin).
Herbet (Marie-Pierre-Félix).

Le Proux (Fernand-Louis-Arnould).
Loth (Arthur-Joseph-Marie).
Rimasson (Jules-Marie-Hippolyte).
Meunier (François-Ernest).
Calmettes (Ch.-Ed.-Jules-Fernand).
Cerise (Guillaume-Laurent).
Charavay (Marin-Étienne).
Dolbet (François-Eugène-Marie).
Doncœur (Armand-Jean-Marie).
Guérin (Marie-Joseph-Paul).
Pontavice de Vaugarny (Guy-Marie du).

Promotion du 17 janvier 1870.

Gauthier (Marie-Jules).
Maulde (Marie-Alphonse-René de).
Sculfort (Henry-Frédéric-Marie).
Prost (Pierre-Henri-Bernard).
Giry (Arthur-Joseph).
Vaudoir-Lainé (Omer-Augustin).
Jouon (Frédéric-Louis-Marie).

Promotion du 22 janvier 1872.

Roy (Claude-Jules-Victor).
Reynaud (Marie-Michel-Félix).
Musset (Paul-Louis-Eutrope-Georges).
Teilhard (Alexandre-Victor-Emmanuel).
Mallet (Alfred-Charles-Paul).
Laudy (André).

A titre d'étrangers.

Mandrot (Bernard).
Favre (Camille).
Budinsky (Alexandre).

Promotion du 27 janvier 1873.

Molinier (Auguste-M.-L.-Em.).
Lasteyrie du Saillant (Robert-Charles de).
Hervieu (Henri-Ernest-Victor).
Richard (Jules-C.-Fr.-Marie).
Rivain (Camille).

Bonnassieux (Louis-Jean-Pierre-Marie).
Chanteau (Auguste–François de).
Barbaud (Louis-Gabriel).
Pasquier (Étienne-Félix-Charles).
Robert (Ulysse-Léonard-Léon).
Tempier (Benoît).
Du Chêne (Arthur–Alexandre-Armand).

A titre étranger.

Dufour (Théophile-André).

Promotion du 19 janvier 1874.

Morel-Fatio (Alfred-Paul-Victor).
Guilmoto (Gustave–Adolphe).
Cohn (Isaac-Adolphe).
Parfouru (Alfred–Paul).

Promotion du 19 janvier 1875.

Bourbon (Georges-Louis).
Vayssière (Augustin-Louis).
Lelong (Eugène-Philippe).
Clédat (Léon).
Raynaud (Gaston-Charles).
Pontal (Esprit-Édouard).
Normand (Jacques-Clary-Jean).
Richou (Gabriel-Charles-Marie).
Terrat (Barthélemy).

Promotion du 18 janvier 1876 [1].

Havet (Julien-Pierre-Eugène).
Berger (Élie).
Bémont (Charles).
Demaison (Louis).

1. Les élèves de cette promotion avaient été admis dans l'ordre suivant à l'examen d'entrée. Arrêté du 28 novembre 1872 : Berger, Havet, De Raymond (Charles-Édouard-Albert), Vaësen, Bémont, Flamand (Charles-Auguste), De Bonnault-d'Houët, Demaison, Manneville, Rolland de Chambaudoin d'Erceville (Gonzague-Louis-Henri), De Flamare, Bouchot (Marie-François-Xavier-Henry). Martin.

MANNEVILLE (Aymar DE).
VAËSEN (Joseph-Frédéric-Louis).
MARTIN (Henri-Marie-Radegonde).
FLAMARE (Louis-Henri ADAM DE).

Promotion du 15 janvier 1877 [1].

MARTEL (Félix-Louis).
PRUDHOMME (Auguste).
DELABORDE (François).
NEUVILLE (Didier).
DUFOURMANTELLE (Charles).
DELAHAYE (Jules).
DUMAINE (Alfred CHILHAUD-).
ANDRÉ (Francisque).
LA ROCHE-BROCHARD (Henri BROCHARD DE).
BONNAULT D'HOUET (Marie-Louis-Xavier DE).

Les dates des promotions de la nouvelle École des Chartes, depuis l'Ordonnance de 1829, ayant quelquefois varié dans le Livret ou les Listes annuelles, parce que l'on a adopté tantôt la date de l'admission des élèves aux cours de seconde année, tantôt celle à laquelle ils ont été déclarés aptes à recevoir le diplôme, tantôt enfin la date même du diplôme, nous avons cru utile de dresser le tableau suivant, qui présente ces trois dates lorsqu'elles ont été employées. Nous soulignons celles que nous avons adoptées dans la liste par promotions.

1. Ordre d'admission aux cours de première année. Arrêté du 21 novembre 1873 : Martel, Delaborde, Pajot (Léon-Louis), Flammermont (Jules-Gustave), Prudhomme, Neuville, André, Delahaye, Dufourmantelle, Brochard de la Roche-brochard, Raguenet-(Marie-Octave-Guillaume), Houyvet (Alfred-Ernest-Martin), Chilhaud-Dumaine, Balland (Antoine-Antide), Vitu (Auguste-Maxime).

NOUVELLE ÉCOLE.

Régime de l'ordonnance de 1829.

N° de promotion.	Date de l'examen.	Soutenance de la thèse.	Date du diplôme.
1	3 *janvier* 1831.	15 décembre 1832.	2 février 1833.
2	28 *janvier* 1833.	6 décembre 1834.	
3	17 *janvier* 1835.	24 janvier 1837.	27 février 1837.
4	*janvier* 1837.	15 février 1839.	
5	24 *décembre* 1838 (dite aussi de 1839 1).	28 janvier 1841.	7 février 1841.
6	21 *décemb.* 1840 (1841)	2 février 1843.	26 février 1843.
7	29 *décemb.* 1842 (1843)	5 mars 1845.	22 mars 1845.
8	23 *décemb.* 1844 (1845)	10 décembre 1846.	24 décembre 1846.
9	4 *janvier* 1847.	15 janvier 1849.	5 février 1849.

Régime de l'ordonnance de 1846.

10	18 août 1847.	8 *avril* 1850.	3 octobre 1850.
11	7 août 1848 2.	25 *novembre* 1850.	3 février 1851.
12	2 août 1849.	11 *novembre* 1851.	15 mars 1852.
13	6 août 1850.	16 *novembre* 1852.	18 janvier 1853.
14	28 juillet 1851.	15 *novembre* 1853.	30 novembre 1853.
15	22 juillet 1852.	14 *novembre* 1854.	29 novembre 1854.
16		13 *novembre* 1855.	27 novembre 1855.
17		11 *novembre* 1856.	5 décembre 1856.
18		10 *novembre* 1857.	30 novembre 1857.
19		15 *novembre* 1858.	30 novembre 1858.
20		21 *novembre* 1859.	
21		28 *janvier* 1861 3.	

1. Cette promotion et les trois suivantes sont désignées par la date du mois de janvier qui a suivi l'examen.

2. Les élèves de cette promotion et de la suivante ont subi un examen-d'entrée.

3. A partir de cette année, les promotions étant toujours désignées par la date de soutenance de la thèse, fixée au mois de janvier, nous croyons inutile de pousser plus loin cette liste.

IV.

PIÈCES JUSTIFICATIVES [1].

I.

Premier extrait d'une lettre de M. le baron de Gérando, du 6 avril 1839 [2].

« J'avais déjà conçu la même idée (de la création d'une École des chartes) en 1806 ; j'étais alors secrétaire général du ministère de l'intérieur ; le ministre (M. de Champagny, duc de Cadore) la soumit à l'Empereur dans un rapport que j'avais rédigé. J'ai entre les mains la copie de la réponse de l'Empereur, datée du camp d'Osterode, le 7 mars 1807 ; l'idée est accueillie, mais il demande de plus grands développements.

« Je les donnai, mais le ministre changea ; l'Empereur était en campagne ; moi-même, chargé de 1808 jusqu'en 1813 d'une suite de missions en Italie et en Espagne, je ne me trouvai point en mesure de provoquer la décision définitive.

« Mon idée alors avait quelque chose de plus complet et de plus vaste : je voulais un grand établissement national où des savants âgés fussent appelés à jouir d'une honorable aisance réunie à tous les moyens d'études, avec le loisir et le calme qu'ils exigent, lorsque ce genre d'existence leur conviendrait. J'y réunissais au *sénat de l'érudition* son noviciat, par des pensionnaires pris parmi de jeunes savants qui se seraient préparés sous la direction des premiers, avec sécurité et indépendance. »

II.

Deuxième extrait de la lettre de M. de Gérando, du 6 avril 1839.

« J'applaudis à l'heureuse idée qui a été conçue de former l'association littéraire [3] dont vous voulez bien m'entretenir par votre lettre d'hier, et je me féliciterais s'il m'était possible d'en seconder la formation. J'ai en effet conçu, en 1819, celle de la création de l'École des chartes, et je la proposai directement à mon respectable ami M. le comte Siméon, alors ministre de l'intérieur, qui l'accueillit avec empressement. Le plan que j'avais conçu se trouva fort modifié par suite de l'opposition de M. Dacier, alors secrétaire perpétuel de l'Académie

---

1. Les documents qui ne figurent ici qu'à titre purement historique sont imprimés en petit caractère, ainsi que les articles abrogés d'Ordonnances ou décrets encore en vigueur.

2. *Bibl. de l'Ecole des chartes*, 1re série. t. 1. p. 23.

3. La Société de l'École des chartes.

des inscriptions et administrateur de la Bibliothèque Royale. Je vous prie de me permettre de garder le silence sur les motifs et les détails de cette opposition.

« J'ignore entièrement si mon excellent ami M. Raynouard a eu la même idée et l'a proposée à Louis XVIII. Il ne m'en a jamais parlé, et je crois qu'il me l'eût dit. Il n'eût pas d'ailleurs suivi cette voie. Ce que je puis vous certifier, c'est que le projet de création fut soumis au roi par M. le comte Siméon. »

III.

Rapports adressés en 1807 par le ministre de l'intérieur à l'empereur Napoléon ; notes et observations de l'Empereur [1].

IV.

Projet d'une École des chartes, présenté au ministre de l'intérieur (vers la fin de l'année 1820) par M. de Gérando, conseiller d'État, membre de l'Académie des inscriptions et belles-lettres.

Art. 1er. Il sera établi, à la Bibliothèque et aux Archives du Royaume, des cours gratuits pour toutes les branches des études diplomatiques.

2. Le programme des cours sera rédigé et dressé par l'Académie des inscriptions et belles-lettres.

3. Seront admis à suivre les cours les sujets qui auront été, à cet effet, agréés par les conservateurs de la Bibliothèque Royale ou le directeur des Archives du Royaume, sous l'autorisation de S. E. le ministre secrétaire d'État de l'intérieur.

4. Dans le nombre des élèves, il en sera choisi douze, qui resteront attachés au dépôt des manuscrits de la Bibliothèque Royale et aux diverses sections des Archives du Royaume pour les travaux indiqués à Paris.

5. Les douze élèves appelés en vertu de l'article précédent seront, pour la première fois, choisis à la suite d'un examen, qui roulera sur nos antiquités et sur l'histoire de France, et sur celle de notre droit public jusqu'au quinzième siècle.

Après deux années expirées, ils subiront un nouvel examen sur leurs études en diplomatique. Ceux qui seront reconnus capables de suivre les travaux ci-après indiqués seront définitivement admis.

6. Lorsqu'une des douze places viendra à vaquer, elle sera donnée au concours parmi les élèves qui auront suivi pendant deux ans au moins les cours indiqués dans l'article 1er et qui réuniront d'ailleurs les conditions ci-après exigées, sous la réserve de deux années d'épreuves.

1. Voy. plus haut, p. 1 et ss., et *Bibl. de l'Ecole des chartes.* 2e série, t. IV, p. 153 et suiv.

7. Les douze élèves admis à demeure fixe recevront, outre leur traitement fixe, une gratification annuelle, proportionnée à l'importance et à l'étendue des travaux qu'ils auront exécutés, sur la demande qui leur en aura été faite.

8. Ces travaux pourront leur être prescrits par LL. EE. le garde des sceaux et le ministre secrétaire d'État de l'intérieur.

Ils exécuteront spécialement les travaux qui leur seront indiqués par les diverses commissions de l'Académie des inscriptions et belles-lettres, pour la continuation des grands monuments et des recueils relatifs aux antiquités et à l'histoire du Royaume. Ils seront, à cet effet, sous la direction ordinaire de la commission formée pour les travaux littéraires dans le sein de cette Académie.

Ils exécuteront aussi les travaux qui leur seront demandés par les conservateurs de la Bibliothèque Royale et le directeur des Archives du Royaume.

9. Les travaux dont ils seront chargés auront essentiellement les objets suivants :

1° Ils fourniront des copies textuelles des chartes, diplômes, manuscrits, lorsque le caractère de l'écriture ne permettra pas d'y employer des copistes ordinaires ;

2° Des traductions des dites chartes, diplômes et documents du moyen âge. lorsqu'ils seront écrits dans un idiome du moyen âge ;

3° Des extraits et des relevés des dits documents ;

4° Ils pourront être chargés aussi de vérifier ou de conférer des textes ;

5° Enfin, ils seront employés à toutes les recherches et les investigations nécessaires pour l'étude et la critique des monuments de notre histoire.

10. Un certain nombre d'entre eux sera tour à tour envoyé pour visiter les archives des départements.

Ils pourront être envoyés aussi en Angleterre, en Allemagne, en Italie, pour rechercher dans les divers dépôts les documents inédits qui pourraient se rattacher à notre histoire.

11. Le résultat des travaux exécutés comme il est dit aux articles 9 et 10 sera transmis chaque année au ministre secrétaire d'État de l'intérieur par un rapport de l'Académie.

12. Les élèves auront, du reste, la propriété de tous les travaux qu'ils auront exécutés de leur propre mouvement.

13. Nul ne pourra être admis au nombre des douze élèves s'il n'est licencié en droit.

Les élèves ne pourront réunir à cet emploi aucun autre emploi dans l'administration publique ni dans les établissements particuliers.

14. Ils seront appelés de préférence aux emplois dans les bibliothèques publiques, les archives, les musées, près des diverses collections publiques de Paris et des départements ; à mesure qu'ils y seront appelés, ils seront remplacés dans leur poste d'élèves.

15. Tout élève qui, pendant deux années, aurait été noté pour n'avoir pas exécuté avec exactitude les travaux à lui demandés (art. 9) sera remplacé.

V.

Rapport adressé au roi Louis XVIII par le comte Siméon, ministre de l'intérieur.

Du 22 février 1821 [1].

Sire,

Une branche de la littérature française à laquelle Votre Majesté prend un intérêt particulier (celle relative à l'histoire de la patrie) va, si l'on ne se presse d'y porter remède, être privée d'une classe de collaborateurs qui lui est indispensable ; je veux parler, Sire, de ces hommes qui, par de longs efforts d'application et de patience, ont acquis la connaissance de nos manuscrits, se sont rendu familières les écritures si diverses de nos archives, de nos chartes, des documents de tout genre que nous ont laissés nos ancêtres, et savent traduire tous les dialectes du moyen âge.

L'homme instruit dans la science de nos chartes et de nos manuscrits est, sans doute, bien inférieur à l'historien ; mais il marche à ses côtés, il lui sert d'intermédiaire avec les temps anciens, il met à sa disposition les matériaux échappés à la ruine des siècles.

Que ces utiles secours manquent à l'homme appelé par son génie à écrire l'histoire, une partie de sa vie se consumera dans des études toujours pénibles et souvent stériles. Il faudra encore renoncer à tous les ouvrages volumineux qui demandent un grand concours de coopérateurs. Déjà même ce défaut d'auxiliaires retarde beaucoup l'achèvement de plusieurs savants recueils entrepris ou continués par l'Académie des inscriptions et belles-lettres, et Votre Majesté ne voudra pas laisser imparfaits ces beaux monuments de notre gloire littéraire.

Autrefois, la studieuse congrégation des Bénédictins de Saint-Maur s'était livrée avec succès à ce genre de science ; et d'ailleurs, presque toutes les capitales de nos provinces avaient, à côté des archives qui renfermaient les fondements de leurs droits publics et même l'origine d'un grand nombre de leurs propriétés privées, des gardiens qui savaient les lire et les traduire. Ce travail ayant un salaire, les études qui l'avaient préparé trouvaient une juste récompense.

Aujourd'hui, par l'effet du changement qui s'est opéré dans nos lois politiques et dans nos lois civiles, ces mêmes études, que ne soutiennent plus ni la tradition ni aucun enseignement public, et auxquelles les individus n'ont aucun intérêt à se livrer, s'éteignent complètement.

Ce ne sont pas seulement, Sire, les études qui nous manquent ; les dépôts mêmes des anciens titres qui ont échappé aux ravages de la révolution sont en très-petit nombre dans l'intérieur de la France ; la plupart ont été transportés à Paris. Il n'y a donc plus qu'à Paris où la science des chartes puisse renaître, soit par le flambeau des lumières que les Académies n'ont pas laissé éteindre, soit à l'aide des immenses dépôts dont cette capitale est en possession,

1. 1re série, t. I, p. 25.

Votre Majesté veut favoriser ce beau mouvement qui nous porte à la recherche de nos antiquités ; elle veut que le bon Français se glorifie avec le même orgueil de tout ce que l'ancienne France a eu de monuments remarquables et de tous les embellissements dont les temps nouveaux se sont enrichis. Ces archives entassées, que le cours des âges rendra de plus en plus illisibles, sont les débris de notre ancienne histoire. Il faut donc se hâter de ranimer cette poussière avant qu'elle périsse.

Ce sont ces considérations, Sire, qui m'ont fourni les bases du projet d'ordonnance que j'ai l'honneur de soumettre à Votre Majesté.

Je suis, etc.

VI.

Ordonnance royale, portant création d'une École des chartes.

Du 22 février 1821 [1].

Louis, etc.

Voulant ranimer un genre d'études indispensables à la gloire de la France et fournir à notre Académie des inscriptions et belles-lettres tous les moyens nécessaires pour l'avancement des travaux confiés à ses soins,

Nous avons ordonné et ordonnons ce qui suit :

Art. 1er. Il y aura à Paris une École des chartes dont les élèves recevront un traitement.

2. Les élèves de l'École des chartes ne pourront excéder le nombre de douze. Ils seront nommés par notre ministre de l'intérieur, parmi les jeunes gens de vingt à vingt-cinq ans, sur une liste double qui sera présentée par notre Académie des inscriptions et belles-lettres.

3. On apprendra aux élèves de l'École des chartes à lire les divers manuscrits et à expliquer les dialectes français du moyen âge.

4. Les élèves seront dirigés dans cette étude par deux professeurs choisis par notre ministre secrétaire d'État de l'intérieur, l'un au dépôt des manuscrits de notre Bibliothèque royale de la rue de Richelieu, l'autre au dépôt des Archives de notre royaume.

5. Les professeurs et les élèves de l'École des chartes sont sous l'autorité du conservateur des manuscrits du moyen âge de notre Bibliothèque royale de la rue de Richelieu et sous celle du garde général des Archives du Royaume, chacun en ce qui les concerne spécialement et dans l'ordre de leurs attributions respectives.

6. Notre ministre secrétaire d'État de l'intérieur est chargé, etc.

1. 1re série, t. I, p. 26. — Cette ordonnance a été rapportée par l'ordonnance du 31 décembre 1846, art. 20.

VII.

Ordonnance royale fixant la durée des cours de l'École des chartes.

Du 16 juillet 1823 [1].

Louis, etc.

Art. 1er. La durée des cours de l'École des chartes, instituée par notre ordonnance du 22 février 1821, est fixée à deux ans. Après ce terme, les élèves en seront renouvelés et nommés comme il est prescrit par ladite ordonnance.

2. Notre ministre secrétaire d'État de l'intérieur (M. de Corbière) est chargé, etc.

VIII.

Rapport adressé au roi Charles X par le comte de la Bourdonnaye, ministre de l'intérieur.

Du 11 novembre 1829 [2].

Sire,

Animé de la sollicitude qu'inspirait à ses augustes ancêtres tout ce qui pouvait soutenir ou augmenter l'éclat de notre littérature, le feu roi institua, le 22 février 1821, au département des manuscrits de sa Bibliothèque de la rue de Richelieu, et aux Archives du Royaume, une École des chartes, afin de ranimer (porte le préambule de cette ordonnance) un genre d'étude indispensable à la gloire de la France, et de fournir à l'Académie des inscriptions et belles-lettres les moyens nécessaires pour l'avancement des travaux confiés à ses soins.

Cette création fut non moins utile que généreuse; mais on ne tarda pas à reconnaître combien il importait de l'améliorer. L'Académie des inscriptions et belles-lettres se rendit l'organe de cette nécessité; elle insista principalement sur l'inconvénient de n'avoir ouvert aucune carrière aux douze pensionnaires dont cette École était composée, et de ne leur fournir aucun moyen d'émulation. Il devait arriver, en effet, qu'après avoir employé deux années à de pénibles études, ces élèves seraient également embarrassés de tirer parti pour eux ou pour l'État de la science qu'on leur avait donné les moyens d'acquérir.

C'était un vice non moins notable dans l'organisation primitive de l'École, de l'avoir divisée en deux sections absolument isolées l'une de l'autre, n'ayant que le même enseignement pour objet, et ne s'entendant ni sur l'ordre et la marche des études, ni sur les progrès des élèves, dont rien d'ailleurs ne constatait régulièrement l'aptitude et l'assiduité. D'un autre côté, les leçons, bornées à la seule lecture et à la simple copie correcte des chartes de diverses époques, n'embras-

1. 1re série, t. I, p. 27. — Cette ordonnance a été rapportée par l'ordonnance du 31 décembre 1846, art. 20.

2. 1re série. I. p. 30.

saient pas la diplomatique et la paléographie. C'est pourtant cette science qui a pour but de constater l'authenticité des documents, de déterminer les caractères qui l'établissent, l'altèrent ou la détruisent en tout ou en partie ; de fixer incontestablement les dates des actes par l'interprétation des notes chronologiques, si variables et si arbitraires même pour chaque règne ; de spécialiser, toujours dans l'intérêt de la certitude historique, les formules et les protocoles propres à chaque époque, selon les variations qui s'introduisaient dans la haute administration de l'État, et d'exposer les caractères qui différencient les uns des autres les chartes, les diplômes, les lettres, les épîtres, les indicules, les rescrits, les édits, les capitulaires, etc.

Telles furent, il est au moins permis de le supposer, les raisons pour lesquelles les cours de l'École des chartes furent abandonnés lorsqu'elle avait à peine deux ans d'existence ; et il n'a pas été possible de ranimer depuis lors une ardeur que ces diverses causes avaient éteinte.

J'ai dû, Sire, m'appliquer à rechercher les moyens de mettre un terme à ce fâcheux état de choses, et d'assurer enfin, dans toute son étendue, à la France, la jouissance du bienfait dont votre auguste frère l'a dotée.

Pour atteindre ce double but, si digne de mes efforts, il m'a paru nécessaire de proposer à Votre Majesté :

1º D'admettre aux cours publics de l'École des chartes tous ceux qui désireront les suivre, pourvu qu'ils soient âgés de dix-huit ans révolus et bacheliers ès-lettres ;

2º De diviser les cours, à compter du 1er janvier 1831, en cours uniquement élémentaire, et en cours de diplomatique et de paléographie française ; dans celui-ci, on expliquera aux élèves les divers dialectes du moyen-âge, et on les dirigera dans la science critique des monuments écrits de cette époque ;

3º De réduire à six au moins, et huit au plus, le nombre des élèves pensionnaires, et de porter le traitement de chacun d'eux à 800 fr. par an ;

4º D'ouvrir pour ces places, entre tous les élèves de l'École, un concours d'après lequel une commission, composée du secrétaire perpétuel et de deux membres de l'Académie des inscriptions et belles-lettres, de trois conservateurs de la Bibliothèque Royale, et du garde des Archives du Royaume, présenterait à ma nomination une liste double de candidats ;

5º D'astreindre les élèves pensionnaires, pendant la durée de leurs cours, qui doit être de deux années, suivant l'ordonnance du 16 juillet 1823, à concourir aux travaux d'ordre et de classification qui se font au département des manuscrits de la Bibliothèque du Roi, rue de Richelieu, et aux Archives du Royaume, puisque leurs occupations journalières dans ces établissements seront pour eux un moyen d'augmenter continuellement leur instruction ;

6º D'ordonner que l'Imprimerie Royale publiera gratuitement chaque année, conformément à l'article 3 de l'ordonnance royale du 23 juillet 1823, deux recueils ayant pour titre : l'un, *Bibliothèque de l'École royale des chartes ;* l'autre, *Bibliothèque de l'histoire de France,* et de décider que le produit de la vente de ces ouvrages sera employé en gratifications aux élèves dont les travaux contribueront le plus au succès de cette publication, et en acquisitions de chartes pour le département des manuscrits de la Bibliothèque Royale ;

7° Enfin, d'assurer aux élèves de l'École des chartes qui, à la fin de leurs études, auront obtenu du ministre secrétaire d'État de l'intérieur un brevet d'*archiviste-paléographe*, la moitié des emplois qui deviendront vacants aux Archives du Royaume, dans les divers dépôts littéraires et dans les bibliothèques publiques, la Bibliothèque Royale exceptée toutefois, à cause des ordonnances anciennes et nouvelles qui attribuent au conservatoire de ce magnifique établissement la nomination de ses employés.

Je souhaite vivement, Sire, ne pas m'abuser en espérant un véritable succès de ces dispositions, si Votre Majesté veut bien les approuver.

Ainsi, tandis que, dans le sanctuaire ouvert par François Ier à toutes les sciences utiles, un auditoire instruit vient apprendre chaque jour ce qu'il lui importe le plus de savoir sur les peuples dont les annales occupent les premières pages de l'histoire, un autre enseignement, fruit de la munificence de Votre Majesté, aura pour objet spécial les fastes glorieux de la monarchie française, l'étude de ses vénérables monuments ; il sera placé dans cet immense établissement littéraire qui ne fut d'abord que la librairie de Charles V, et dont la protection de ses augustes successeurs a fait aujourd'hui le dépôt de toutes les connaissances humaines. On n'aura donc plus enfin à regretter de voir privées d'encouragement ces études françaises qui ont fait, pendant plus de deux siècles, l'honneur de notre patrie, ces études savantes dans lesquelles nous avons eu partout des imitateurs, et nulle part des rivaux.

Je suis, etc.

IX.

Ordonnance royale contenant la réorganisation de l'École des chartes.

Du 11 novembre 1829 [1].

Charles, etc.,

Sur le rapport de notre ministre secrétaire d'État au département de l'intérieur, vu les ordonnances du roi en date des 22 février 1821 et 16 juillet 1823 ;

Voulant compléter le bienfait de l'institution de l'École des chartes, que la France doit à la sollicitude éclairée du feu roi notre très-honoré frère ;

Nous avons ordonné et ordonnons ce qui suit :

Art. 1er. L'École royale des chartes, qui a été établie à Paris par l'ordonnance du 22 février 1821, sera remise en activité le 2 janvier 1830.

2. Les cours de cette École se diviseront, à partir du 2 janvier 1831, en cours élémentaire et en cours de diplomatique et de paléographie française.

---

1. 1re série, t. I, p. 32. — Cette ordonnance a été rapportée par l'ordonnance du 31 décembre 1846, art. 20.

Le premier (celui des Archives du Royaume) aura uniquement pour objet d'apprendre à déchiffrer et à lire les chartes des diverses époques : sa durée sera d'un an.

Le second (celui de notre Bibliothèque de la rue de Richelieu) expliquera aux élèves les divers dialectes du moyen-âge, et les dirigera dans la science critique des monuments écrits de cette époque, ainsi que dans le mode d'en constater l'authenticité et d'en vérifier les dates. Ce dernier cours durera deux ans.

3. Nul ne pourra être admis à l'École royale des chartes s'il n'est âgé de dix-huit ans révolus et bachelier ès-lettres.

4. Notre Imprimerie Royale publiera gratuitement chaque année, conformément à l'article 3 de l'ordonnance royale du 23 juillet 1823, un volume des documents que les élèves auront traduits, avec le texte en regard.

Ce recueil portera le titre de *Bibliothèque de l'Ecole royale des chartes*, et sera composé des traductions qu'une commission formée du secrétaire perpétuel et de deux membres de notre Académie des inscriptions et belles-lettres, de trois conservateurs de notre Bibliothèque royale et du garde des Archives du Royaume, aura jugées dignes d'en faire partie.

Le nombre des élèves pensionnaires sera réduit à six au moins et huit au plus, et le traitement de chacun porté à 800 francs par an.

Leur nomination n'aura lieu que pour le 2 janvier 1831.

5. Pendant la durée de leurs études, ces élèves pensionnaires prendront part aux travaux d'ordre et de classification qui se font habituellement au département des manuscrits de notre Bibliothèque de la rue de Richelieu, ainsi qu'aux Archives du Royaume, et seront, sous ce rapport, soumis aux mêmes règles que les employés de ces établissements.

6. Tous les élèves de l'École royale des chartes seront admis à concourir pour les places d'élèves pensionnaires devant la commission dont il est parlé en l'article 4.

Cette commission, d'après les examens qu'elle leur aura fait subir, dressera une liste double de candidats, d'abord au mois de novembre 1830, et ensuite lors de chaque renouvellement des dits élèves pensionnaires.

A égalité de titre, l'élève qui aura contribué à la publication prescrite par le même article obtiendra la préférence.

7. Indépendamment de la *Bibliothèque de l'Ecole des chartes*, notre Imprimerie Royale publiera chaque année de la même manière, sous la direction de la commission susnommée, un volume de chartes nationales qui seront disposées dans leur ordre chronologique avec des notes critiques.

Ce recueil sera intitulé *Bibliothèque de l'histoire de France*.

8. Il sera prélevé annuellement sur le fonds affecté dans le budget de l'État à l'encouragement des sciences, lettres et arts, une somme de trois mille francs, qui sera employée par notre ministre secrétaire d'État de l'intérieur, en gratifications aux élèves dont les travaux contribueront le plus au succès des dits recueils, sur la proposition de notre Académie des inscriptions et belles-lettres.

9. Après les deux années d'études auxquelles ils sont soumis, les élèves de diplomatique et de paléographie française seront examinés de nouveau par les juges du premier concours.

Ceux des élèves qui auront été reconnus dignes de cette distinction recevront de notre ministre secrétaire d'État de l'intérieur un brevet d'archiviste-paléographe, et obtiendront ensuite, par préférence à tous autres candidats, la moitié des emplois qui viendront à vaquer dans les bibliothèques publiques (notre Bibliothèque de la rue de Richelieu exceptée), les Archives du Royaume et les divers dépôts littéraires.

10. Notre ministre secrétaire d'État de l'intérieur fera les règlements nécessaires pour la discipline de l'École royale des chartes et l'ordre régulier des études, après avoir pris l'avis de notre Académie royale des inscriptions et belles-lettres.

11. Les ordonnances des 22 février 1821 et 16 juillet 1823 sont maintenues en ce qui n'est pas contraire aux dispositions de la présente.

12. Notre ministre secrétaire d'État de l'intérieur et notre Garde des sceaux, ministre de la justice, sont chargés, etc.

X.

Rapport fait par M. Pardessus, à l'Académie des Inscriptions et Belles-Lettres, au nom de la Commission chargée de proposer ses vues sur le projet de règlement relatif à l'École des chartes.

4 décembre 1829.

L'ordonnance du 11 novembre 1829 a prescrit la remise en activité de l'École royale des chartes créée le 22 février 1821 : elle détermine, d'une manière plus explicite que ne l'avait fait l'ordonnance de 1821, l'objet de l'enseignement, la destination de l'École et la carrière ouverte aux élèves. L'art. 10 veut que le Ministre de l'intérieur fasse des règlements pour la discipline de l'École et l'ordre régulier des études, après avoir pris l'avis de l'Académie des Inscriptions.

Le Ministre par sa lettre du 12 novembre, en transmettant l'ordonnance à l'Académie, et en l'invitant à proposer ses vues sur le règlement, a ajouté : « J'accueillerai avec un extrême intérêt tout ce que l'Académie croira utile de proposer pour seconder la munificence du roi et la rendre efficace. »

La commission que vous avez nommée dans votre séance du 13 m'a chargé de vous présenter des observations sur chacun de ces objets.

Le rapport sera divisé en deux parties : dans la première, nous indiquerons les développements dont l'ordonnance du 11 novembre 1829 paraît susceptible pour mieux atteindre le but d'utilité que S. M. s'est proposé ; dans la deuxième nous présenterons, autant que la situation des choses l'a permis, quelques vues sur le règlement.

PREMIÈRE PARTIE.

Développements qu'on peut donner à l'Institution.

L'objet des ordonnances des 22 février 1821 et 11 novembre 1829 est de faciliter l'étude, la recherche et la publication de nos antiquités nationales; elles ont été reçues avec reconnaissance, parce qu'elles satisfont à un besoin généralement senti et à des vœux depuis longtemps exprimés de toutes parts.

La nécessité et le prix des véritables études historiques ne sont plus contestés. La saine raison commence à faire justice des romans qu'on a cherché à donner pour de l'histoire; elle repousse et condamne l'esprit de système qui cherche à tourmenter les faits pour les accommoder à quelques opinions ou à quelques intérêts du moment.

C'est en puisant aux sources, que les historiens peuvent espérer d'être fidèles; et faire connaître ces sources, arracher à l'obscurité et à l'oubli tous les documents qui peuvent éclairer ceux qui ont besoin d'y recourir, c'est leur préparer les moyens de remplir cette tâche; ou ce qui n'est pas moins dans l'intérêt de la vérité, c'est appeler des témoins qui démentiront les erreurs.

Tel était le but que se proposaient les savants qui, au dernier siècle, entreprirent deux grands ouvrages, dont la continuation est confiée à l'Académie des Inscriptions et Belles-Lettres, savoir : *La Collection des Historiens de France,* commencée par D. Bouquet; *La Collection des Ordonnances des Rois de la* 3e *race,* commencée par Eusèbe de Laurière.

Cette dernière collection faisait la suite des *Capitulaires des Rois de la* 1re et 2e *race,* publiée par Baluze en 1677.

Mais des pièces qui n'étaient pas de nature à entrer dans ces collections et que l'on a coutume de désigner dans la langue des savants par les noms de *Chartes, Diplômes, Priviléges et Documents divers,* ne devaient pas rester dans l'oubli.

En 1746, trois savants qui appartenaient à l'Académie des Inscriptions : Secousse, Foncemagne et Sainte-Palaye, appelèrent sur cet objet l'attention d'un ministre éclairé (M. de Machault).

On crut qu'avant d'entreprendre une publication qui devait être lente et volumineuse, il serait utile de donner une table de toutes les pièces connues. C'était d'ailleurs appeler les lumières et les secours de ceux qui pourraient indiquer des pièces omises dans la table.

Secousse fut chargé de la dresser; la mort le surprit dans son travail.

L'abbé de Foy, s'aidant des notions recueillies par Secousse, publia en 1765 un volume de tables, accompagnées d'un extrait français de la pièce et de l'indication des sources dans lesquelles on pouvait la trouver.

Ce travail n'a pas été continué. Le seul volume qui en ait paru finit en 840.

Bréquigny commença une nouvelle table, plus complète que celle de Foy, et plus riche en indications des sources. Le 1er volume parut en 1769; il fut suivi d'un second en 1775 et d'un troisième en 1783.

6

Le 4ᵉ volume, indiquant les pièces depuis 1170 jusqu'à 1213, était sous presse, lorsque dans l'année 1811, une mesure qu'on ne sait comment expliquer ni comment qualifier, a détruit ce volume ainsi que plusieurs autres ouvrages importants dont la publication avait été commencée par l'Imprimerie royale. Tout a été vendu au poids.

Les auteurs de la table des chartes savaient très-bien que ce travail ne répondait pas suffisamment aux vœux du public; ils s'occupaient de réunir les textes et de les faire imprimer avec des notes critiques.

Le 1ᵉʳ volume, intitulé *Diplomata, Chartæ, etc. ad res francicas spectantia*, dû à Brequigny et à Dutheil, a paru en 1791 : il commence à l'année 475, et finit à l'année 721 ; par conséquent, il embrasse la 1ʳᵉ race. Il est précédé de prolégomènes, qu'on peut ranger parmi les monuments de la plus saine et de la plus profonde érudition.

Dutheil avait publié en 1791 sous le même titre, *Diplomata, Chartæ*, des Lettres du pape Innocent III; mais il a donné à cette collection la dénomination de *Pars altera*. En effet, les Lettres d'Innocent III ne pouvaient être considérées comme partie intégrante de la collection des chartes ; elles pouvaient tout au plus entrer à leur date dans le recueil des historiens de France, parmi les autres documents du même genre, et c'est précisément le parti qu'ont pris les continuateurs de D. Bouquet. Ainsi, on doit dire qu'il n'existe en réalité qu'un volume de la collection de l'École des chartes.

Nous ne rechercherons pas si quelques motifs réels ont décidé le gouvernement à ne pas s'occuper de la reprise de cette collection et des tables, lorsqu'il a confié à l'Académie la continuation des historiens et des ordonnances.

Peut-être a-t-on été moins frappé de la nécessité de ce travail, parce que la collection des chartes était peu avancée lorsque la Révolution l'a interrompue. Un prince aussi éclairé que le feu roi devait s'empresser de réparer cet oubli, et c'est, comme vous le savez, à sa munificence qu'est due la création de l'École des chartes.

Lorsqu'on lit l'ordonnance du 22 février 1821, il est impossible de ne pas reconnaître que l'intention du roi était de faire continuer les grands travaux relatifs aux chartes, commencés par les ordres et sous la protection de ses deux augustes prédécesseurs, Louis XV et Louis XVI.

Cette pensée a évidemment aussi présidé à la rédaction de l'ordonnance du 11 novembre 1829; mais votre commission pense que le but qu'on s'était proposé ne serait pas parfaitement rempli par les deux ouvrages qu'indiquent les art. 4 et 8 de cette ordonnance.

Aux termes du 1ᵉʳ de ces articles, l'Imprimerie royale doit publier chaque année, sous le titre de *Bibliothèque de l'École des chartes*, un volume des documents que les élèves auront traduits, avec le texte en regard. La commission de l'École est chargée de déterminer les traductions dignes d'entrer dans ce recueil.

Votre commission croit que cette publication aura, par elle-même, peu d'utilité; qu'en tout cas il sera nécessaire d'apporter quelques changements au mode d'exécution indiqué par l'ordonnance.

Pour bien comprendre une de nos plus importantes observations, il faut remarquer : 1° que le cours des études dans l'École des chartes doit être de trois années (Ordonnance du 11 novembre 1829, art. 2).

2° Que le cours de première année aura uniquement pour objet d'apprendre aux élèves à déchiffrer ou à lire les chartes des diverses époques (Même article).

3° Qu'au mois de novembre de la 1re année, la commission créée par l'art. 4 propose des candidats en liste double, pour la nomination d'élèves-pensionnaires (Art. 7).

4° Que ces candidats doivent, à égalité de titres, être pris *parmi ceux des élèves qui ont contribué à la publication de la Bibliothèque de l'Ecole des chartes* (Art. 7), d'où il est impossible de ne pas conclure que cette Bibliothèque sera composée de traductions faites par ces élèves. Ce sont les termes mêmes de l'art. 4; et par des élèves de 1re année, c'est ce qu'on lit dans l'art. 7.

Or, que doivent apprendre les élèves de cette 1re année? uniquement à déchiffrer et à lire les chartes.

La *Bibliothèque de l'Ecole des chartes* sera donc, à s'en tenir aux termes de l'ordonnance, composée de traductions faites par des élèves qui sont présumés n'avoir appris qu'à lire et à déchiffrer.

Quoiqu'on puisse supposer que des jeunes gens âgés de 18 ans, et bacheliers ès-lettres, prendront promptement l'habitude de lire et de déchiffrer, il est impossible néanmoins qu'ils aient acquis ce talent avant la 1re moitié de la 1re année scolaire; ce ne pourra donc être que dans la 2e moitié qu'ils pourront essayer de faire des traductions; et ce seraient ces traductions que la France offrirait au monde savant dans un recueil imprimé aux frais du gouvernement.

Peut-être ne s'est-on pas fait une assez juste idée du travail dont il s'agit. Les documents connus sous le nom de Chartes, Diplômes, Priviléges, etc., sont écrits en latin ou en vieux français, ou dans l'un des dialectes des anciennes provinces.

De ces trois idiomes, le latin est sans doute celui que des bacheliers ès-lettres seront le plus capables de comprendre, mais qu'on ne s'y trompe pas : le latin des IXe, Xe et XIe siècles, surtout le latin des chartes et des diplômes, n'a rien de commun que le nom avec le latin de Cicéron et de Tite-Live. La traduction en est quelquefois plus difficile; il offre un grand nombre de mots empruntés aux langues tudesques et aux autres langues étrangères dont l'interprétation est extrêmement embarrassante. Plusieurs de ces mots n'ont pas même été indiqués dans le Glossaire de Du Cange.

La lecture de ce savant ouvrage prouve d'ailleurs que l'acception d'un même mot a varié suivant le temps et les lieux.

Les difficultés ne sont pas moins grandes, si l'on suppose que les documents seront en vieux français ou en dialectes des anciennes provinces.

L'étude et l'intelligence de ces idiomes n'ont jamais fait, ni pu faire, l'objet des travaux classiques par lesquels on parvient au baccalauréat ès-lettres.

Les élèves seront transportés dans un monde nouveau ; il ne leur suffira pas d'avoir appris à lire et à déchiffrer : ils auront encore besoin d'apprendre à traduire, et aux termes de l'art. 2 de l'ordonnance, c'est dans la 2ᵉ et 3ᵉ année qu'on doit leur expliquer les divers dialectes du moyen âge, dans lesquels les chartes peuvent être écrites. Supposons maintenant que quelques élèves du 1ᵉʳ cours, surmontant ces difficultés, aient fait des traductions dignes d'encouragement, exactes même en très-grande partie, mais qui sous quelques points exigent des corrections ; sera-ce la commission qui pourra ou qui devra les faire ? Si, comme il arrive assez souvent, parmi les hommes instruits, les uns adoptent tel sens, qui sera réprouvé par les autres, si la même manière d'expliquer une abréviation, de suppléer un mot, de placer la ponctuation ; quelquefois même, si les différentes manières de rendre le sens dépendent de quelques notions historiques ou géographiques, si l'explication d'une expression doit être prise dans les usages du temps ou des lieux, tous objets dont la diversité est fréquente et probable ; il faudra donc que la commission corrige, à la majorité des voix, le travail d'un écolier, et qu'elle publie ensuite sous le nom de cet écolier le travail corrigé par elle ?

Car, ne perdons pas de vue les termes de l'art. 4 : *La Bibliothèque de l'Ecole des chartes doit contenir les traductions faites par les élèves que la commission aura jugées dignes d'en faire partie.*

Nous concevrions très-bien que les documents inédits les plus curieux sur lesquels auraient porté les études et les travaux des élèves du second cours, fussent publiés par la Commission sous sa responsabilité morale, avec la garantie du nom des savants qui la composeront ; alors le document serait accompagné de notes historiques et géographiques, d'explications qui indiqueraient à quels usages certains passages font allusion, ou quels usages jusqu'après eux inconnus ils constatent. Un jugement émané d'hommes dont les titres littéraires appellent la confiance, apprendrait si l'on doit considérer ces documents comme authentiques ou comme apocryphes, comme intègres ou comme altérés ; les motifs de la critique seraient exposés.

Telles sont les observations que nous vous proposons de soumettre au ministre, relativement à la publication indiquée par l'art. 4 de l'ordonnance.

En supposant qu'il ne croie pas convenable de renoncer à cette publication, nous proposons un article dont l'objet est de la restreindre aux pièces qui auraient fait l'objet des travaux des élèves de 3ᵉ année ; et d'en exclure, pour éviter des doubles emplois et des dépenses inutiles, celles de ces pièces qui, par leur nature, doivent entrer dans les collections des historiens, des ordonnances et du texte des chartes.

Nous passons à la publication prescrite par l'art. 8. Il est ainsi conçu : « Indépendamment de la Bibliothèque de l'École royale des chartes, l'Imprimerie royale publie chaque année un volume des chartes nationales, qui seront disposées dans leur ordre chronologique, avec des notes critiques ; ce recueil sera intitulé *Bibliothèque de l'Histoire de France.* »

Ce titre nous paraît répondre mal à l'objet qu'on se propose ; car la bibliothèque historique d'un pays ne consiste pas seulement dans les chartes ou diplômes, dont assurément nous n'avons pas l'intention de nier l'importance.

Nous pensons qu'en donnant plus d'étendue à l'entreprise sans augmenter les dépenses, on atteindrait mieux le but d'utilité que S. M. s'est proposé.

D'abord il serait convenable que la publication des textes se rattachât à celle dont le 1er volume a été commencé en 1791; si, ce qui est douteux, quelques documents nouveaux ont été retrouvés, il sera facile de les publier par supplément, en même temps qu'une table des noms d'hommes, de lieux et de matières, qui manque au volume.

En second lieu, indépendamment de cette publication des textes accompagnée de notes critiques, telle que la permet l'art. 8 de l'ordonnance, il est indispensable de continuer les tables.

Les savants académiciens qui avaient entrepris ce grand travail, et qui l'avaient suivi avec persévérance jusqu'au moment de la Révolution, ne le considérèrent pas comme faisant double emploi avec la publication des textes dont ils étaient chargés; votre commission partage cette manière de voir.

Les Tables n'exigeant pas des discussions critiques, et consistant uniquement dans l'indication des ouvrages imprimés qui contiennent chaque pièce, un travail de ce genre avancera plus vite que la collection des textes; or, c'est rendre un immense service aux savants que de leur apprendre l'existence d'une pièce, et de leur indiquer l'ouvrage dans lequel ils pourront en consulter le texte.

La collection des chartes ne dépasse point encore l'année 721; celle des tables était, comme nous l'avons dit, imprimée jusqu'en juin 1213.

Il est vrai que l'édition du 4e volume, commençant à 1180 et finissant à juin 1213, a été détruite; mais quelques exemplaires sauvés de la destruction, se trouvent dans les bibliothèques des savants. Celle de l'Institut en possède un, et l'on pourrait, sans frais de manuscrit, faire, au cours de 1830, une réimpression qui équivaudrait au volume que l'Imprimerie royale est chargée de publier.

Pendant cette réimpression, le travail pour la continuation des tables et des textes serait préparé; quelque diligence qu'on y apporte, nous doutons qu'il soit possible de composer un volume par an, de l'un ou de l'autre ouvrage.

Ainsi, l'Imprimerie royale ne sera pas obligée à une dépense plus considérable que celle que lui impose l'ordonnance du 11 novembre 1829; et cependant par le moyen que nous proposons, deux des plus beaux monuments historiques du dernier siècle pourront être achevés.

Jusqu'ici, comme vous le voyez, les observations de votre Commission tendent moins à obtenir des modifications à l'ordonnance du 11 novembre 1829 qu'à mieux en assurer l'exécution.

Mais il est un point plus délicat à traiter, et sur lequel, cependant, votre Commission ne craint pas de s'exprimer avec franchise, parce qu'animée des seules vues d'utilité, elle est convaincue qu'on rendra justice à ses intentions lors même qu'on ne partagerait pas sa manière de voir.

La publication des textes de chartes par ordre chronologique, accompagnés de

notes critiques, doit, aux termes de l'art. 8 de l'ordonnance, être faite par la
Commission mixte dont le second alinéa de l'art. 4 détermine la formation. Cette
Commission est, vous le savez, composée du secrétaire perpétuel et deux membres
de l'Académie, de trois conservateurs de la Bibliothèque royale et du garde des
Archives du royaume.

Notre opinion est qu'il serait plus utile et même plus conforme aux intentions
qui ont présidé à l'établissement et à la remise en activité de l'École des chartes,
de confier ce travail à l'Académie des Inscriptions et Belles-Lettres.

L'Académie est chargée de la collection des historiens de France, et de celle
des ordonnances du Louvre. Il existe entre ces deux collections et celle des
chartes des rapports presque indivisibles.

Déjà les savants académiciens à qui le travail des historiens et des ordonnances
est confié, voulant dédommager le public de l'interruption de la collection des
chartes, et désespérant de la voir reprendre, ont inséré dans leurs recueils les
textes de quelques chartes; ils en ont réuni et préparé un bien plus grand
nombre, dans la même intention. Certainement, ils se seraient bornés et se borne-
raient ultérieurement à de simples indications, s'ils avaient l'assurance que la
continuation des tables et des textes sera faite par l'Académie.

Si le même corps savant était chargé de toutes les publications qui ont entre
elles une si grande affinité, on éviterait des doubles emplois, quelquefois même
des contradictions dans le jugement qui peut être porté sur une même pièce.

Ce besoin avait été senti avant la Révolution, lorsque les grandes collections,
dont il s'agit, étaient publiées par des savants qui, tout en appartenant la plupart
à l'Académie, n'opéraient pas comme ses délégués.

Bréquigny, chargé des ordonnances du Louvre, l'était aussi des tables et du
texte des chartes. Le travail de cette dernière collection était préparé dans un
comité, dont faisaient partie quelques-uns des savants Bénédictins qui publiaient
les historiens de France.

On peut, sans rien hasarder, croire que dans l'esprit qui dicta l'ordonnance du
22 février 1821, la publication des chartes devait être confiée à l'Académie;
puisqu'on y lit en termes exprès que l'École des chartes créée par ordonnance
est destinée à fournir à l'Académie des Inscriptions tous les moyens nécessaires
pour l'avancement des travaux confiés à ses soins.

L'ordonnance du 11 novembre 1829, elle-même, quoiqu'elle ait chargé la
Commission de l'École de publier le texte des chartes, fournit un argument puis-
sant en faveur de notre opinion; d'après l'art. 9, l'Académie doit proposer au
ministre de l'intérieur la distribution des gratifications aux élèves-pensionnaires,
qui dans le système de cette ordonnance appartiennent à la seconde et la troisième
année d'enseignement; or, comment l'Académie pourra-t-elle juger de leur
mérite, si les travaux qu'ils feront ne lui parviennent pas? si elle n'est pas à
même de voir à l'œuvre ceux auxquels elle doit proposer d'accorder des récom-
penses?

Dans notre système, la Commission instituée par l'art. 4 de l'ordonnance con-
serverait les attributions qui peuvent le mieux être remplies par une commission

spéciale et mixte; elle aurait la surveillance habituelle et exclusive de l'École; elle serait juge des concours, pour l'obtention des brevets d'archivistes-paléographes et des places d'élèves-pensionnaires; elle assurerait le maintien de la discipline et l'observation des règles d'enseignement; enfin, elle publierait, si on croit devoir maintenir cette disposition, la *Bibliothèque de l'École des chartes*, composée de travaux spécialement faits dans l'École.

On retrancherait des attributions que lui donne l'ordonnance, la seule qui semble devoir être mieux remplie par un corps où le même esprit et les traditions se perpétuent, où l'impulsion est donnée par les membres de tout le corps à ceux qu'il a délégués.

Votre Commission croit encore qu'il est convenable d'indiquer à la sollicitude du ministre une amélioration, sans laquelle il est à craindre que le but des ordonnances des 22 février 1821 et 11 novembre 1829 ne soit pas atteint.

Nous nous empressons de reconnaître que la dernière de ces ordonnances a apporté une grande amélioration à l'institution de l'École des chartes.

Dès l'année 1824, séance du 23 janvier, l'Académie avait signalé le grave inconvénient qu'il y avait de n'avoir ouvert aucune carrière aux élèves. L'art. 10 assure à ceux qui se seront distingués, et que la Commission en aura jugés dignes, un brevet d'archiviste-paléographe, et un droit à la moitié des emplois dans les bibliothèques publiques, les archives et autres dépôts littéraires.

Mais si c'est quelque chose pour les élèves, ce n'est presque rien pour la science.

Il faut le dire, et chacun en reconnaîtra la vérité, pendant les trois années de leurs études, les élèves n'auront été que des novices, et seront loin encore de l'instruction nécessaire pour concourir, d'une manière efficace, à la publication d'un recueil aussi important et aussi difficile que celui des chartes et diplômes. Cependant si l'on maintient le système de l'ordonnance, les élèves sortiront de l'École, avec ou sans brevet, au bout de trois ans d'études, c'est-à-dire dans le moment même où ils commenceront à être capables de travailler utilement, ils seront remplacés par des élèves qui, trois ans après, le seront à leur tour par des novices.

Votre Commission croit qu'il serait utile de provoquer une mesure qui, en créant des élèves permanents, assurerait à l'Académie des collaborateurs dans une carrière difficile, et procurerait au ministère des hommes en état d'aller exécuter des recherches scientifiques dans les départements.

Ce qui manque actuellement, et ce qui manquera toujours si on n'y apporte remède, c'est une pépinière de jeunes gens qui, travaillant sous les yeux des anciens, se rendent dignes de les remplacer.

Les corps religieux avaient cet immense avantage; les Poirier et les Brial avaient longtemps servi d'aides, et en quelque sorte de préparateurs, aux savants de leur ordre qu'ils ont si dignement remplacés dans la suite.

Votre commission vous propose, en conséquence, des dispositions par l'effet desquelles six élèves seraient choisis parmi ceux qui, à l'expiration du cours triennal, auraient obtenu des diplômes d'archivistes-paléographes. Ces élèves seraient à la disposition du ministre pour les travaux dont il croirait convenable de les charger, et à celle de l'Académie pour l'aider aux publications qui lui sont ou lui seront confiées ; ce qui est précisément dans l'intention de l'ordonnance de 1831 ; ils toucheraient un traitement tant que, restant dans cet état de disponibilité, ils ne prendraient pas une carrière qui ne leur permettrait plus de remplir l'objet de leur nomination.

Il n'est personne qui ne sente combien pourraient offrir d'avantages, pour la préparation des travaux académiques, ces pensionnaires choisis après trois années d'études parmi ceux qui se seraient fait remarquer par leur travail et leur aptitude ; et combien ils pourraient se perfectionner, dans la suite, par les communications avec les savants sous la direction desquels ils seraient placés.

Pour ne pas compromettre, par la crainte d'une trop grande dépense, le sort d'une institution qui nous paraît essentielle, nous proposons de fixer le nombre des pensionnaires à six, et leur traitement à 1000 francs.

Dans notre plan, les encouragements seraient gradués en raison de l'importance de l'enseignement et du travail des élèves ; à la fin de la 1re année d'études qui est aussi celle du 1er cours, deux prix ou médailles seraient accordés aux deux élèves distingués.

A la fin de la 2e année d'études, une pension de 600 francs serait accordée aux quatre élèves les plus instruits et pour en jouir pendant la 3e et dernière année des études.

A la fin de cette dernière année les brevets, dont parle l'art. 10 de l'ordonnance, seraient donnés à tous ceux que la Commission en jugerait dignes.

Enfin, parmi ces brevetés, la Commission nommerait au concours les six pensionnaires permanents, dont nous avons indiqué la nécessité.

Nous ne croyons pas qu'il soit nécessaire d'entrer dans de plus longs développements sur ce point ; nous croyons seulement devoir présenter au ministre quelques calculs sur la légère augmentation qui en résulterait.

Aux termes de l'art. 5 de l'ordonnance du 11 novembre 1829, la dépense annuelle pour huit pensionnaires à 800 francs serait de six mille quatre cents francs, ci. 6,400

Pour les gratifications trois mille francs, ci 3,000

Total. . . . 9,400

Dans notre plan, les prix de 1re année coûteraient trois cents francs, ci. 300

Les quatre pensions données à la fin de la 2e année coûteraient deux mille quatre cents francs, ci 2,400

Les six pensions permanentes coûteraient six mille francs, ci. . . 6,000

Pour les gratifications trois mille francs, ci 3,000

Total. . . . 11,700

L'excédant des dépenses serait donc de deux mille trois cents francs.

Si le ministre ne croyait pas possible de consacrer cette modique somme en sus. de celle que l'ordonnance détermine, à une amélioration évidente, on pourrait diminuer de moitié la dépense des prix de 1re année, réduire à 500 francs la pension qui formera les prix de 2e année, ou n'accorder que trois pensions de 600 francs ; réduire à 800 francs les pensions permanentes, et l'accroissement alors de dépense ne serait plus que de sept à huit cents francs.

Mais c'est à regret que nous présentons cette hypothèse ; jamais la plus sévère économie ne fera rejeter une dépense modique, qui peut si utilement servir à ramener le goût des études sérieuses et solides.

Telles sont les vues que votre commission vous soumet pour répondre à la partie de la lettre du ministre, qui invite l'Académie à proposer tout ce qu'elle croira utile pour seconder la munificence du roi et la rendre efficace.

DEUXIÈME PARTIE.

Discipline et ordre des études.

Il n'est pas facile d'improviser des règlements sur un genre d'enseignement qui n'est point encore connu.

Ces règlements doivent presque toujours être le résultat de l'expérience ; il serait même utile qu'ils fussent concertés avec les professeurs.

Votre Commission a donc éprouvé quelque embarras : toutefois, vous lui aviez imposé l'obligation de vous faire des propositions ; elle les a rédigées en articles dans la vue de rendre la discussion plus facile, elle va se borner à de courtes explications préalables.

Aux termes de l'art. 2 de l'ordonnance du 11 novembre 1829, le 1er cours, qui sera annuel, a pour objet d'apprendre aux élèves à lire et à déchiffrer les chartes : il sert d'introduction au 2e cours ; avoir suivi le 1er cours est, d'après le texte de l'ordonnance, une condition nécessaire pour être admis au second.

Nous croyons, cependant, qu'il serait convenable de modifier cette règle ; il peut arriver que des jeunes gens, très-instruits déjà dans la lecture et l'habitude de déchiffrer les chartes, désirent entrer dans la nouvelle carrière que vient de leur ouvrir la sollicitude du roi ; s'ils possèdent les connaissances que le 1er cours a pour objet de donner, à quoi bon leur imposer la perte de temps et la dépense d'un séjour à Paris, pendant une année ? mais cette faveur ne doit pas être une source d'abus ; nous avons pensé que la dispense du 1er cours devrait être donnée par la Commission, et comme il ne fallait pas décourager les élèves du 1er cours, en introduisant dans le 2e des hommes beaucoup plus âgés qu'eux, nous pensons que la dispense ne doit pas être accordée à ceux qui ont passé l'âge de 25 ans ; et que, dans aucun cas, elle ne doit être donnée à ceux qui ne justifieraient pas d'un diplôme de bachelier ès-lettres.

Nous nous bornerons à indiquer brièvement les motifs d'un article qui investit la Commission du droit de prendre les mesures provisoires que les circonstances rendraient nécessaires, sous le rapport de la discipline, en ce que n'aurait pas prévu le règlement. Tout règlement fait à priori est nécessairement incomplet ;

7

l'expérience seule peut suggérer beaucoup de détails qu'il n'est pas facile de prévoir; mais en proposant de donner à la Commission cette attribution importante, nous lui imposons l'obligation de rendre compte sur-le-champ au ministre de l'usage qu'elle en aura fait.

En ce qui concerne l'ordre des études, nous avons tâché de nous pénétrer de l'esprit des deux ordonnances pour indiquer, avec autant de précision qu'il était possible, de quelle manière il nous paraissait utile que l'enseignement eût lieu sans toutefois priver les professeurs d'une latitude convenable.

PROJET DE RÈGLEMENT DE L'ÉCOLE DES CHARTES.

§ 1er. *Discipline des cours.*

Art. 1er. — La Commission créée par l'ordonnance du 11 novembre 1829 (art. 4) déterminera, de concert avec les professeurs, les jours et heures des cours de l'École royale des chartes.

Art. 2. — Les personnes qui se destineront à suivre ces cours, en qualité d'élèves, s'inscriront, dans le 1er mois du cours, sur un registre spécial.

Art. 3. — Celles qui désireront suivre les cours, sans prendre la qualité d'élèves, pourront y être admises par le professeur, avec l'autorisation de l'archiviste du royaume, pour le cours qui sera fait aux Archives; et des conservateurs de la Bibliothèque royale, pour le cours qui sera fait dans cet établissement.

Art. 4. — La Commission pourra accorder l'autorisation de suivre le 2e cours, à des personnes qui n'auraient pas suivi le 1er, après s'être assurée de leur aptitude, et pourvu qu'elles ne soient pas âgées de plus de 25 ans et qu'elles aient le grade de bachelier ès-lettres.

Art. 5. — La Commission est autorisée à suppléer, par des mesures réglementaires que l'urgence rendrait nécessaire, à ce qui n'aura pas été prévu par le présent règlement, relativement à la discipline des cours, à la charge d'en rendre compte au ministre de l'intérieur.

§ 2. *Ordre de l'enseignement.*

Art. 6. — Le professeur du 1er cours s'assurera, par des interrogations, que les élèves ont compris ses leçons; en outre, il les exercera à des lectures de chartes manuscrites, lors desquelles il aura soin de faire remarquer les abréviations dont l'explication est la plus nécessaire pour lire et déchiffrer les écritures anciennes, et d'attirer particulièrement l'attention des élèves sur celles de ces abréviations dont l'interprétation a donné lieu à des controverses.

Il leur fera exécuter des transcriptions dans lesquelles les élèves devront présenter en toutes lettres les mots que le manuscrit aura exprimés par des abréviations, et expliquer dans leurs annotations d'après quelles règles ou quelle autorité ils se sont décidés.

Art. 7. — Le professeur du 2ᵉ cours fera porter principalement les exercices des élèves de 1ʳᵉ année sur des chartes qui n'auraient pas été encore relevées dans les volumes imprimés des tables ; il leur indiquera, comme objets de travail, des recherches, soit dans les grands recueils historiques, connus sous le nom d'*Historiens et Ordonnances de France, Gallia christiana*, etc., soit dans les collections connues sous les noms de *Traités et Monumens de diplomatique, Analectes, Spicilèges*, et autres semblables, soit dans les histoires particulières, à l'effet de vérifier si les chartes qu'il leur a données à lire y ont été recueillies en totalité ou en partie. Il les chargera de collationner les originaux dont il aura donné l'explication, et d'autres copies du même document, qui pourraient exister dans les dépôts publics, et d'en relever les variantes.

Il les exercera à des traductions, dans lesquelles les élèves annoteront les mots dont ils n'auraient pas trouvé l'explication dans les glossaires que le professeur leur aurait désignés.

Art. 8. — Le professeur proposera aux élèves de la 2ᵉ année, comme objets de travail et d'études, la recherche dans les divers dépôts publics, des chartes et des documents historiques ou législatifs qui n'existeraient pas en originaux ou en copies dans les porte-feuilles et cartons de la Bibliothèque royale ; il leur donnera, comme sujets de composition, soit à domicile, soit sous ses yeux, la rédaction de petites dissertations sur le caractère, l'authenticité et l'objet des documents qu'il leur indiquera, ou qu'il mettra sous leurs yeux ; sur les conséquences ou les inductions qu'on doit tirer de ces pièces, relativement à l'éclaircissement de certains faits historiques, aux usages, aux mœurs, à l'agriculture, à l'industrie, au commerce, à l'état social, et aux divers idiomes du moyen-âge.

Art. 9. — Dans l'un et l'autre cas, les travaux des élèves, signés de chacun d'eux, seront remis aux professeurs, qui les liront publiquement, s'ils le jugent convenable, et prendront occasion de cette lecture pour indiquer aux élèves les erreurs qu'ils auraient commises, et leur donner des instructions. Ces compositions seront transmises à la Commission, et resteront déposées dans ses archives.

Art. 10. — A l'expiration du 1ᵉʳ cours, la Commission décernera aux deux élèves qui se seront le plus distingués, une médaille, la 1ʳᵉ de 200 francs et la seconde de 100 francs.

Art. 11. — A l'expiration de la 1ʳᵉ année du 2ᵉ cours, la Commission formera une liste de huit candidats, parmi lesquels le ministre de l'intérieur nommera quatre pensionnaires qui, pendant la dernière année, recevront un traitement de 600 francs.

Art. 12. — A l'expiration de la 2ᵉ année du 2ᵉ cours (la dernière des études) la Commission désignera au ministre les élèves qu'elle aura jugés dignes d'obtenir des brevets d'archivistes-paléographes, conformément à l'art. 10 de l'ordonnance du 11 novembre 1829.

Art. 13. — Le recueil, dont l'art. 14 de l'ordonnance prescrit la publication, ne pourra contenir que des documents sur lesquels auront porté les travaux des élèves dans la 2ᵉ année du second cours ; on n'y comprendra aucune des pièces qui, par leur nature, doivent entrer dans les recueils des *Historiens de France*, des

Ordonnances dites *du Louvre,* et du texte des chartes qui fait l'objet de l'art. 8 de l'ordonnance.

§ 3. *Des pensionnaires du roi.*

Art. 14. — Dans le mois qui suivra la délivrance des brevets accordés en exécution de l'art. 10 de l'ordonnance, la commission ouvrira un concours entre ceux qui les auront obtenus, et nommera des pensionnaires, qui, à compter du jour où la nomination aura été approuvée par le Ministre de l'Intérieur, jouiront d'un traitement de 1,000 francs.

Art. 15. — Les pensionnaires seront au nombre de *six.*

La première nomination aura lieu en 1833 ; à cette époque, il en sera nommé quatre seulement ; en 1834 le nombre sera complété, et chaque année la Commission procédera au remplacement de ceux qui, étant décédés ou ayant obtenu des emplois, ou pris une autre carrière, cesseront d'être comptés parmi les pensionnaires.

Art. 16. — Les pensionnaires seront à la disposition du Ministre de l'Intérieur pour l'exécution des travaux qu'il jugera utile de leur confier. L'Académie des Inscriptions et Belles-Lettres proposera ses vues sur ceux dont ils pourraient être chargés sous sa direction.

Art. 17. — Indépendamment du traitement de 1,000 fr., les pensionnaires recevront sur le fonds de 3,000 fr., créé par l'art. 9 de l'ordonnance du 11 novembre 1829, des gratifications d'après la proposition de l'Académie des Inscriptions et Belles-Lettres.

§ 4. *De la continuation des tables et des textes des chartes.*

Art. 18. — La publication, qu'aux termes de l'article 8 de l'ordonnance du 11 novembre 1829 l'imprimerie royale est tenue de faire chaque année, d'un volume de chartes nationales, consistera dans la continuation de la table chronologique des diplômes, chartes et titres concernant l'histoire de France, commencée en 1765 par ordre du roi Louis XV, et du recueil des textes des chartes et diplômes dans leur ordre chronologique, avec des notes critiques, dont le 1er volume a été publié en 1791 par ordre du roi Louis XVI. Ces travaux seront combinés de manière que l'imprimerie royale ne soit tenue de publier qu'un volume par an, conformément à l'art. précité de l'ordonnance.

Art. 19. — La publication de ces tables et de ces textes sera faite par les soins de l'Académie des Inscriptions et Belles-Lettres, de la même manière que celle des recueils scientifiques dont elle est déjà chargée.

Fait et arrêté par la Commission de l'Académie le 4 décembre 1829.

Signé : Pardessus.

L'Académie, après avoir entendu et discuté les conclusions du rapport ci-dessus, a adopté le projet de règlement, ordonné l'insertion du rapport dans son procès-verbal et chargé son secrétaire perpétuel de transmettre le tout à M. le Ministre de l'Intérieur.

XI.

Règlement provisoire de l'École royale des chartes.

Ministère de l'Intérieur. Direction du Personnel, des Sciences, Lettres, Beaux-Arts, Librairie, Journaux et Théâtres.

Conformément à l'art. 11 de l'ordonnance royale de novembre 1829, nous, Ministre Secrétaire d'État de l'Intérieur, arrêtons ce qui suit :

Art. 1er. — Les cours de l'École royale des chartes commenceront le 2 janvier 1830 et auront lieu, savoir : à la Bibliothèque du Roi, rue de Richelieu, les lundis et mercredis ; aux Archives du royaume, les mardis et jeudis, depuis onze heures jusqu'à une heure.

Art. 2. — Les élèves seront tenus d'assister assidûment aux exercices de l'École. Si quelqu'un d'entr'eux s'absente plusieurs fois sans cause légitime et sans en avoir prévenu le professeur, celui-ci en informera la Commission, qui sera appelée à prononcer sur cette affaire. Des notes exactes sur l'assiduité et les progrès des élèves seront tenues par les professeurs et remises à la dite Commission pour nous en rendre compte.

Art. 3. — Les jeunes gens qui se destinent à suivre les cours de l'École des chartes devront justifier de leur acte de naissance, de leur diplôme de bachelier ès-lettres et se faire inscrire sur un registre d'inscription tenu par les professeurs.

Art. 4. — Le cours de paléographie française, établi à la Bibliothèque du Roi, ne pouvant avoir lieu qu'en 1831, le professeur nommé à cet établissement est autorisé transitoirement à faire un cours élémentaire en 1830.

Art. 5. — Le conservateur pour les chartes et diplômes à la Bibliothèque du Roi est autorisé à fournir les monuments originaux destinés aux travaux des élèves au professeur de l'École qui se rendra responsable des documents qui lui auront été confiés.

Art. 6. — La nomination des élèves-pensionnaires du Roi ne devant avoir lieu que pour le 2 janvier 1831, un règlement fera en 1830 connaître aux élèves les matières des concours pour les places de pensionnaires.

Art. 7. — Les professeurs donneront, chaque trimestre, connaissance du présent règlement aux élèves, qui seront tenus de s'y conformer.

Signé : MONTBEL.

Paris, le 29 décembre 1829.

XII.

Arrêté.

Nous, Ministre Secrétaire d'État au département de l'Intérieur ;

Vu les ordonnances du 22 février 1821, du 16 juillet 1823 et du 11 novembre 1829 ;

Vu l'article 11 de cette dernière ordonnance, relatif à la discipline de l'École des chartes et à l'ordre des études, après avoir pris l'avis de l'Académie royale des Inscriptions et Belles-Lettres, avons arrêté et arrêtons ce qui suit.

Art. 1er. — La Commission créée par l'art. 4 de l'ordonnance du 11 novembre 1829 déterminera, de concert avec les professeurs, les jours et heures des cours de l'École royale des chartes.

Art. 2. — Les personnes qui se destineront à suivre ces cours en qualité d'élèves s'inscriront dans le premier mois du cours sur un registre spécial.

Art. 3. — Celles qui désireraient suivre ces cours sans prendre la qualité d'élèves pourront y être admises par le professeur, avec l'autorisation de l'archiviste du royaume pour le cours qui sera fait aux Archives, et du conservateur des manuscrits du moyen-âge de la Bibliothèque royale pour le cours qui sera fait dans cet établissement.

Art. 4. — La Commission pourra accorder l'autorisation de suivre le second cours à des personnes qui n'auraient pas suivi le premier, après s'être assurée de leur aptitude, pourvu qu'elles ne soient pas âgées de plus de 25 ans et qu'elles aient le grade de bachelier ès-lettres. Toutefois le nombre des personnes autorisées ne pourra s'élever au-delà de celui des élèves-pensionnaires.

Art. 5. — La Commission est autorisée à suppléer par des mesures réglementaires, que l'urgence rendrait nécessaires, à ce qui n'aurait pas été prévu par le présent règlement, relativement à la discipline des cours, à la charge d'en rendre compte au Ministre de l'Intérieur.

Art. 6. — Le professeur du 1er cours s'assurera, par des interrogations, que les élèves ont compris ses leçons ; en outre, il les exercera à des lectures de chartes manuscrites ; il aura soin de faire remarquer les abréviations dont l'explication est la plus nécessaire pour lire et déchiffrer les écritures anciennes, et d'attirer particulièrement l'attention des élèves sur celles de ces abréviations dont l'interprétation a donné lieu à des controverses.

Il leur fera exécuter des transcriptions dans lesquelles les élèves devront présenter en toutes lettres les mots que le manuscrit aura exprimés par des abréviations, et expliquer, dans leurs annotations, d'après quelles règles ou quelle autorité ils se sont décidés.

Art. 7. — Le professeur du second cours fera porter principalement les exercices des élèves de première année sur des chartes qui n'auraient pas encore été relevées dans les volumes imprimés des tables ; il leur indiquera comme objet de travail des recherches, soit dans les grands recueils historiques connus sous le nom d'Historiens et d'Ordonnances de France, *Gallia christiana*, etc., soit dans les collections connues sous le nom de Traités ou Monuments de Diplomatique, Analectes, Spicilèges et autres semblables, soit dans les histoires particulières, à l'effet de vérifier si les chartes qu'il leur a données à lire y ont été recueillies en totalité ou en partie.

Il les chargera de collationner les originaux dont il aura donné l'explication, avec d'autres copies du même document, qui pourraient exister dans les dépôts publics, et d'en relever les variantes.

Il les exercera à des traductions, dans lesquelles les élèves annoteront les mots dont ils n'auraient pas trouvé l'explication dans les glossaires que le professeur leur aurait désignés, ainsi que sur les divers dialectes qui ont été en usage en France pendant le moyen âge.

Art. 8. — Le professeur proposera aux élèves de seconde année, comme objet de travail et d'étude, la recherche dans les divers dépôts publics des chartes et des documents historiques ou législatifs qui n'existeraient pas en originaux ou en copies dans les porte-feuilles et cartons de la Bibliothèque royale : il leur donnera, comme sujets de composition, soit à domicile, soit sous ses yeux, la rédaction de petites dissertations sur le caractère, l'authenticité et l'objet des documents qu'il leur indiquera ou qu'il mettra sous leurs yeux ; sur les conséquences et les inductions qu'on doit tirer de ces pièces, relativement à l'éclaircissement de certains faits historiques, aux usages, aux mœurs, à l'agriculture, à l'industrie, au commerce, à l'état social et aux divers idiomes du moyen âge.

Art. 9. — Dans l'un et l'autre cours, les travaux des élèves, signés de chacun d'eux, seront remis au professeur qui les lira publiquement, s'il le juge convenable, et prendra occasion de cette lecture pour indiquer aux élèves les erreurs qu'ils auraient commises et leur donner des instructions. Ces compositions seront transmises à la Commission et resteront déposées dans ses cartons.

Art. 10. — Le présent règlement sera adressé à l'Académie royale des Inscriptions et Belles-Lettres pour recevoir son exécution à compter du 1ᵉʳ janvier 1831.

Signé : MONTALIVET.

Paris, le 17 novembre 1830.

XIII.

Règlement pour le concours de 1830, arrêté par la Commission de l'École.

La Commission de l'École royale des chartes, instituée par l'article 4 de l'ordonnance du 11 novembre 1829, qui a modifié le régime de cette École ;

Vu l'art. 7 de cette ordonnance qui fixe au mois de novembre 1830 l'époque du concours entre tous les élèves des cours élémentaires de l'École pour les places d'élèves-pensionnaires, et qui porte que ce concours aura lieu devant la Commission ;

Vu l'art. 11 de la même ordonnance qui charge le Ministre de l'Intérieur de faire, après avoir pris l'avis de l'Académie des Belles-Lettres, tous les règlements nécessaires à la discipline et à l'ordre des études de l'École ;

Vu l'art. 6 du règlement provisoire donné à l'École le 29 décembre 1829, par M. le Ministre de l'Intérieur, portant qu'un autre règlement fera connaître, en 1830, l'ordre et les matières du concours pour les places d'élèves-pensionnaires ;

Vu l'art. 5 du règlement définitif donné à l'École le 17 novembre courant par M. le Ministre de l'Intérieur et de l'avis de l'Académie, article par lequel la

Commission est autorisée à suppléer, par des mesures réglementaires, à toutes les dispositions d'urgence qui n'ont pas été prévues par ce règlement, à la charge d'en rendre compte au Ministre ;

Considérant qu'il est urgent de régler les formes et conditions du concours qui doit avoir lieu dans le courant de ce mois, l'arrêté précité du Ministre de l'Intérieur n'y ayant point pourvu ;

A arrêté ce qui suit comme règlement provisoire des concours de l'École royale des chartes.

Art. 1er. — Les élèves des cours élémentaires de l'École pendant l'année 1830, qui désireront concourir pour les places d'élèves-pensionnaires durant les années 1831 et 1832, se feront inscrire sur le registre de la section de l'École, à la Bibliothèque du Roi, et ils feront les justifications nécessaires pour prouver qu'au mois de janvier dernier, ils étaient âgés de dix-huit ans au moins, de vingt-cinq ans au plus, et qu'ils étaient munis du diplôme de bachelier ès-lettres.

Art. 2. — Ce registre sera ouvert le lundi 29 novembre et clos le samedi suivant 4 décembre, à trois heures après midi.

Art. 3. — Le lundi suivant 6 décembre, la Commission procédera à l'examen de la liste d'inscription et à celui des pièces remises par les candidats : elle s'assurera qu'ils remplissent les conditions prescrites par les ordonnances et arrêtera définitivement la liste de ceux qui, ayant les qualités requises, doivent être admis au concours. Les états trimestriels, remis à la Commission et dressés d'après les notes tenues par les professeurs des cours élémentaires, tiendront lieu de certificat d'assiduité à ces cours.

Art. 4. — Les élèves concurrents seront avertis par lettre, à domicile, du jour, de l'heure et du lieu du concours.

Art. 5. — Il s'ouvrira, pour cette fois, le lundi 13 décembre prochain, à midi précis, dans un des cabinets du département des manuscrits à la Bibliothèque du Roi. Les membres de la Commission en seront également informés par M. le Président. Les séances seront publiques.

Art. 6. — Les épreuves du concours sont réglées ainsi qu'il suit :

A l'ouverture de la première séance. il sera déposé sur le bureau autant de paquets séparés de chartes qu'il y aura de concurrents ; chaque paquet portera un numéro et sera composé de deux chartes, l'une en latin, l'autre en français, et d'époques différentes.

Les concurrents tireront ces paquets au sort. Immédiatement après, et dans l'ordre du numéro qui leur sera échu, chaque concurrent sera appelé, pour première épreuve, à lire d'abord la charte latine, à en donner oralement l'interprétation en français et à répondre aux questions qui lui seront faites par les membres de la Commission, soit sur le matériel de la charte, soit sur sa partie graphique. Il sera procédé de même à l'égard de la charte française.

Les chartes qui serviront à cette première épreuve resteront déposées sur le bureau et ne seront remises à l'élève qu'au moment des épreuves et pendant leur durée seulement.

Art. 7. — Après que tous les concurrents auront satisfait à cette première partie de l'examen, les chartes latines et françaises qui y auront servi seront numérotées de nouveau une à une, sans distinction des idiomes; chaque élève en tirera une au sort, et elle sera pour lui le sujet d'une composition écrite ou 2e épreuve du concours.

Cette composition consistera dans la transcription de la charte, en soulignant dans la copie les lettres et les syllabes qui suppléeront les abréviations de l'original, et dans sa traduction du latin en français ou du français ancien au langage moderne. L'élève y ajoutera tous les éclaircissements critiques, historiques ou chronologiques qui dépendront de lui et sans autre secours extérieur que l'*Art de vérifier les dates*, qui sera, à cet effet, déposé sur le bureau.

Cette opération sera faite dans une seule séance, qui durera de midi à quatre heures, tous les élèves présents. Le jour en sera fixé par la Commission qui pourra déléguer un de ses membres pour l'y représenter.

Chaque composition portera, dans un pli cacheté et bien fermé, le nom de l'élève qui en sera l'auteur.

Art. 8. — Les compositions passeront dans cet état sous les yeux de la Commission qui, d'après leur examen, donnera à chacune, et à la majorité des voix, un numéro d'ordre ou de mérite ; après quoi les plis cachetés seront ouverts, et la Commission procédera ensuite, également à la majorité des voix, à la formation de la liste définitive des candidats, en combinant les résultats des deux épreuves auxquelles les concurrents auront été soumis. Si le nombre des compositions dépassait le nombre des candidats à présenter, toute composition portant un numéro supérieur à ce dernier nombre serait par ce fait hors de concours.

Art. 9. — Il sera tenu un procès-verbal de toutes les opérations pour y avoir recours au besoin. La Commission déterminera l'ordre successif de ses séances.

Art. 10. — La présence de la moitié plus *un* des membres de la Commission suffira pour assurer la validité de ses décisions.

Art. 11. — Les deux professeurs du cours élémentaire seront invités à se réunir à la Commission pour prendre part aux opérations et au jugement du concours, avec voix consultative.

Art. 12. — Aux termes de l'art. 5 du règlement définitif du 17 novembre courant, copie du présent sera adressée à M. le Ministre de l'Intérieur.

Fait et arrêté en commission,
à Paris, le 26 novembre 1830.

Pour copie conforme :
Le Président de la Commission,
Signé : PARDESSUS.

(Approuvé par M. le comte de Montalivet, Ministre Secrétaire d'État de l'Intérieur.)

XIV.

Ordonnance royale, relative aux publications prescrites par les articles 4 et 8 de l'ordonnance du 11 novembre 1829 sur l'Ecole des chartes. ·

Du 1er mars 1832.

Louis-Philippe, etc.

Vu l'article 1er du titre IV de la loi du 3 brumaire an IV, qui charge l'Institut de suivre les travaux scientifiques et littéraires qui ont pour objet l'utilité publique et la gloire de la France;

Vu la demande de l'Institut, en date du 15 floréal an IV, ayant pour objet d'obtenir l'autorisation de continuer, 1° les *Historiens de France*, 2° les *Ordonnances du Louvre*, 3° les *Chartes*, commencées par M. de Bréquigny;

Vu l'art. 16 du règlement de la classe d'histoire et de littérature ancienne (aujourd'hui Académie des inscriptions), approuvé par le gouvernement, et qui indique, au nombre des publications dont cette classe est chargée, les chartes nationales;

Considérant que la commission de l'École des chartes, formée en grande partie de personnes livrées à des fonctions qui absorbent tout leur temps, ne peut s'occuper de ces travaux avec autant d'assiduité que l'Académie des inscriptions et belles-lettres;

Ayant d'ailleurs égard à la réclamation de cette compagnie;

Sur le rapport de notre ministre secrétaire d'État du commerce et des travaux publics (le comte d'Argout),

Nous avons ordonné et ordonnons ce qui suit :

Art. 1er. L'article 4 et l'article 8 de l'ordonnance du 11 novembre 1829, relative à l'École des chartes, sont rapportés.

2. La publication qui doit être faite, aux termes de l'article 4 de ladite ordonnance, consistera dans la continuation de la *Table chronologique des diplômes, titres et chartes concernant l'histoire de France*, commencée en 1765 par Bréquigny, et dont les trois premiers volumes sont imprimés.

3. La publication prescrite par l'article 8 sera faite par l'Académie royale des inscriptions et belles-lettres.

4. Notre ministre secrétaire d'État du commerce et des travaux publics est chargé, etc.

XV.

Extrait du règlement de l'agrégation.

Du 28 février 1836 [1].

Art. 4. ..... Aucun temps de service ne sera exigé, pour l'agrégation d'his-

[1]. L'agrégation d'histoire se trouve supprimée par suite du décret du 10 avril 1852, art. 7.

toire, des élèves de l'École des chartes qui auront achevé leur temps d'études dans ladite école, et qui, après les examens de sortie, auront obtenu le brevet d'archiviste-paléographe.

XVI.

Extrait de l'ordonnance royale sur les Bibliothèques publiques.

Du 22 février 1839 [1].

Art. 15. Les employés (de la Bibliothèque Nationale) sont nommés par notre ministre de l'instruction publique, soit parmi les surnuméraires ayant au moins deux ans de service ou les fonctionnaires des autres bibliothèques de Paris, soit parmi les membres de l'Université, les archivistes des départements, les attachés aux travaux historiques, les élèves de l'École des chartes, les écrivains et savants dont les titres seront mentionnés dans l'arrêté de nomination. Les surnuméraires sont nommés par notre ministre de l'instruction publique dans les mêmes conditions que les employés [2].

Art. 26. Les bibliothécaires, sous-bibliothécaires et employés dans les bibliothèques Sainte-Geneviève, Mazarine et de l'Arsenal devront être choisis parmi les membres de l'Université, les littérateurs et savants connus par leurs travaux, les élèves de l'École des chartes [3].

1. 1re série, t. I, p. 42.
2. Cet article n'est pas abrogé par l'ordonn. du 2 juillet 1839 (art. 11 et 15), qui accorde au Conservatoire de la Bibliothèque nationale le droit de présentation. Cette ordonnance n'indique pas dans quelle catégorie doivent être pris les candidats, et se réfère évidemment à notre art. 15 ; elle n'abroge que les dispositions contraires des ordonnances antérieures (art. 31), et l'on comprend parfaitement que ce droit de présentation soit restreint dans les limites de l'ord. de février 1839. Du reste, les catégories établies par cet article sont tellement larges que notre observation n'a pour but unique que de rectifier une erreur de droit. Voy. plus haut, p. 6, note 5.
3. Voy. l'art. 19 de l'ord. du 31 décembre 1846, p. 52.

XVII.

Extrait de l'ordonnance relative à l'organisation des Archives Nationales, rendue sur le rapport du ministre de l'intérieur (M. Duchâtel).

Du 5 janvier 1846 [1].

Art. 6. Les chefs de section et les employés des Archives sont nommés par notre ministre de l'intérieur.

Les chefs de section sont choisis parmi les membres de l'Institut, les commis-archivistes [2] et les anciens élèves de l'École des chartes ayant obtenu un brevet d'archiviste.

Les avancements sont proposés par le garde général et arrêtés par le ministre.

7. Les employés, lors de leur nomination, prendront rang dans la dernière classe. Nul ne sera promu à une classe supérieure s'il ne compte au moins deux années de service dans celle à laquelle il appartient.

8. Il pourra être admis au travail des archives, à titre de surnuméraires, des jeunes gens âgés de dix-huit à trente ans. Leur nombre sera de deux au plus pour chaque section. Ils ne recevront aucun traitement. Le temps du surnumérariat sera de deux ans au moins et ne conférera aucun droit.

Les surnuméraires seront nommés par notre ministre de l'intérieur, après que leur capacité aura été constatée par un examen subi devant les chefs de section, sous la présidence du garde général.

9. La moitié des emplois de commis sera réservée tant aux surnuméraires qu'aux archivistes des départements ou des communes ayant exercé pendant trois ans au moins;

1. 2e série, t. II, p. 286.
2. Le titre de commis-archiviste a été officiellement remplacé par celui d'archiviste.

le tout sans préjudice des droits stipulés, en faveur de l'École des chartes, par l'article 10 de l'ordonnance royale du 11 novembre 1829.

10. Les révocations sont prononcées par arrêté de notre ministre de l'intérieur, sur l'avis du garde général.

. . . .

14. Indépendamment des élèves de l'École des chartes, qui, d'après l'ordonnance susvisée du 11 novembre 1829, sont appelés à participer aux travaux d'ordre et de classification des Archives générales, il pourra être admis à ces mêmes travaux des jeunes gens âgés de moins de trente ans, qui se destineront à des emplois d'archivistes des départements ou des communes.

Ce noviciat sera de deux ans au plus et ne leur constituera aucun droit.

XVIII.

Ordonnance royale contenant réorganisation de l'École des chartes.

Du 31 décembre 1846 [1].

Louis-Philippe, etc.,

Sur le rapport de nos ministres secrétaires d'État aux départements de l'instruction publique et de l'intérieur [2];

Vu les ordonnances des 22 février 1821, 16 juillet 1823 et 11 novembre 1829, sur la constitution et le régime de l'École des chartes;

Vu les dispositions de la loi de finances, en date du 3 juillet 1846, concernant cette École [3];

---

1. 2e série, t. III, p. 170. — Voy. les discours prononcés par M. de Salvandy, ministre de l'Instruction publique, et M. Letronne, directeur de l'École, à la séance solennelle d'inauguration du 5 mai 1847 (2e série, t. III, p. 450 et suiv.).

2. Ce rapport n'est pas au *Moniteur*.

3. État A, ministère de l'instruction publique, ch. 21 : « École des chartes, 33,400 fr. » Elle n'était inscrite au budget, avant 1846, que pour 12,400 fr. Le crédit actuel est de 35,400 fr.

Nous avons ordonné et ordonnons ce qui suit :

TITRE PREMIER.

Régime et organisation de l'École des chartes.

Art. 1ᵉʳ. L'École royale des chartes est établie au palais des Archives du Royaume ; elle y a, par les soins du garde général des Archives et sous sa surveillance, des locaux distincts et indépendants, comprenant :

Une salle des cours et examens publics ;

Une salle des études et répétitions intérieures ;

Une salle des séances du Conseil de surveillance et de perfectionnement.

2. L'École des chartes possède une bibliothèque spéciale et les collections nécessaires aux études pour lesquelles elle est instituée. Cette bibliothèque et ces collections lui appartiennent en propre ; elles la suivraient partout où elle serait transférée.

Un fonds pour acquisitions et entretien de livres, autographies, chartes et autres documents, sera porté au budget de l'École.

3. L'École des chartes reçoit, dans les formes voulues pour les autres établissements publics, les livres, médailles, collections, monuments écrits ou figurés de toute nature, et les immeubles, rentes ou deniers qui peuvent lui être donnés ou légués, ainsi que toutes les fondations conformes à l'esprit et au but de l'institution.

4. L'École est placée sous l'autorité d'un directeur nommé par notre ministre secrétaire d'État au département de l'instruction publique, et sous la surveillance du Conseil de perfectionnement, régi par les dispositions de l'article 5 et suivants.

Peuvent être revêtus des fonctions de directeur :

Le garde général des Archives ;

Les membres du Conseil de perfectionnement ;

Les professeurs titulaires de l'École.

Le directeur est chargé d'assurer l'ordre des cours publics et celui des répétitions intérieures, s'il y a lieu, soit par lui-même, soit par le répétiteur général placé sous son autorité. Il arrête toutes les dépenses et porte à l'ordre du jour du Conseil toutes les questions sur lesquelles il doit statuer. Il publie seul et signe tous les programmes, avis et arrêtés quelconques. Il vise et contre-signe tous les certificats et diplômes. Il a seul la signature et la correspondance pour le service de l'École. Il correspond avec notre ministre secrétaire d'État au département de l'instruction publique. Il lui rend compte des événements de l'École et de l'état des études.

Le directeur a sous son autorité un secrétaire de l'École des chartes, qui remplit en outre les fonctions de bibliothécaire et de trésorier [1].

Le secrétaire est chargé, sous la surveillance et l'autorité du directeur, de tenir les catalogues de la bibliothèque et des collections.

Le secrétaire est chargé, sous la même surveillance et la même autorité, de toutes les écritures, de tous les achats et dépenses.

Le secrétaire reçoit un traitement de 1,600 fr. Il est pris parmi les anciens élèves de l'École des chartes.

L'École a un appariteur qui reçoit des gages de 1,000 francs.

5. La commission instituée par l'ordonnance royale du 11 novembre 1829 prend le titre de *Conseil de perfectionnement*. Il est chargé de régler les études et de faire les examens [2] ; il s'assemble dans le lieu de ses séances le 1er de chaque mois, et plus souvent si l'intérêt du service l'exige. Son président correspond directement avec notre

1. Voy. les observations faites dans la séance de l'Assemblée nationale du 2 avril 1850, par M. le rapporteur de la commission du budget, MM. Wallon et de Kerdrel, sur le titre et les attributions du secrétaire.

2. Voy. art. 17.

ministre secrétaire d'État au département de l'instruction publique. Il lui adresse toutes les observations et propositions d'améliorations ou de réformes.

6. Les membres du Conseil sont au nombre de huit. Ils sont choisis parmi les membres de l'Académie des inscriptions et belles-lettres. Le garde général des Archives, le directeur de la Bibliothèque Royale et le directeur de l'École en font toujours partie. Les cinq autres membres sont nommés par l'Académie des inscriptions et belles-lettres.

Le président est nommé par notre ministre secrétaire d'État au département de l'instruction publique.

TITRE II.

Enseignement.

7. Le cours d'études de l'École des chartes est de trois années. Les cours sont publics et gratuits. Ils commencent le 2 novembre et durent jusqu'au 25 août. L'enseignement est donné par trois professeurs titulaires, trois professeurs auxiliaires ou répétiteurs, et un répétiteur général qui remplit les fonctions de sous-directeur des études et en porte le titre.

Le sous-directeur préside aux études, maintient l'ordre et assiste les élèves dans leur travail intérieur, tel qu'il est successivement constitué par les programmes et règlements.

8. L'enseignement de l'École des chartes comprend :

La lecture et le déchiffrement des chartes et monuments écrits ;

L'archéologie figurée, embrassant l'histoire de l'art, l'architecture chrétienne, la sigillographie et la numismatique ;

L'histoire générale du moyen âge appliquée particulièrement à la chronologie, à l'art de vérifier l'âge des titres et leur authenticité ;

La linguistique appliquée à l'histoire des origines et de la formation de la langue nationale ;

La géographie politique de la France au moyen âge ;

La connaissance sommaire des principes du droit canonique et du droit féodal.

9. La constitution et la répartition de cet enseignement, les modifications qui peuvent y être introduites, l'ordre des cours, celui des répétitions et des études intérieures, s'il en est institué, sont déterminés par des règlements spéciaux, proposés par le directeur sur la délibération du Conseil de perfectionnement et arrêtés par le ministre.

10. Il y a, au secrétariat de l'École, un registre sur lequel le professeur et le répétiteur s'inscrivent au commencement de chacune de leurs leçons. L'extrait de ce registre est envoyé, tous les trois mois, par le directeur à notre ministre secrétaire d'État.

11. Un règlement proposé par le directeur, délibéré par le Conseil et arrêté par notre ministre secrétaire d'État, détermine l'ordre des cours, celui des répétitions et celui des études intérieures, s'il y a lieu.

12. Il y a trois professeurs titulaires. Ils reçoivent un traitement de 4,000 fr.

Ils sont pris parmi les membres de l'Académie des inscriptions et belles-lettres et les répétiteurs.

Il y a trois répétiteurs spéciaux. Ils reçoivent un traitement de 1,800 fr.

Ils sont pris parmi les anciens élèves de l'École des chartes ou les lauréats de l'Académie des inscriptions et belles-lettres, dans l'ordre des travaux de l'École des chartes.

Le répétiteur général reçoit un traitement de 2,000 fr.

Il est pris parmi les anciens élèves de l'École des chartes.

13. Tout bachelier ès-lettres, âgé de moins de vingt-quatre ans, qui s'est présenté six semaines avant la rentrée pour obtenir le titre d'élève et a donné

8

au secrétariat, sur ses antécédents, tous les renseignements exigés par le règlement ou les règlements à intervenir, est candidat de plein droit, si le Conseil de perfectionnement, à la suite d'un examen qui a pour objet particulier l'histoire nationale, et sur le compte qui lui est rendu des renseignements ci-dessus, le présente au choix du ministre.

14. Les élèves sont nommés par notre ministre secrétaire d'État au département de l'instruction publique ; ils ne peuvent être révoqués que par lui, sur le rapport du directeur, le Conseil de perfectionnement entendu.

15. Les élèves sont gratuits ou boursiers. Les uns et les autres participent également aux études et répétitions intérieures. Ils sont admis aux mêmes épreuves et acquièrent les mêmes droits. Les élèves boursiers sont au nombre de huit. Les bourses consistent dans un traitement de six cents francs chacune.

16. La première année se compose des élèves gratuits et de deux élèves boursiers, lesquels sont les deux candidats admis les premiers par ordre de mérite. Les élèves gratuits concourent entre eux, à la fin de l'année, pour une troisième bourse affectée aux deux dernières années.

Les bourses, une fois obtenues, ne peuvent se perdre que par un jugement du Conseil de perfectionnement, approuvé par le ministre.

Toutefois, cette nomination ne sera valable qu'après l'approbation du ministre de l'interieur [1].

TITRE IV.
Des examens et des diplômes.

17. Il est procédé par le Conseil de perfectionnement, assisté des professeurs titulaires, et, à leur défaut, des répétiteurs en égal nombre [2], aux examens de fin d'année, auxquels concourent nécessairement tous les élèves, sous peine de perdre leur titre. Les élèves qui ne se sont pas présentés aux examens ou n'y sont pas déclarés capables de passer aux études des années suivantes, ne peuvent plus suivre les cours qu'à titre d'auditeurs libres.

Les examens de la troisième année portent sur toutes les matières de l'enseignement. Les élèves déclarés admis-

1. Les art. 13, 15 et 16 ont été rapportés par le décret du 18 octobre 1849, plus loin, p. 109.
2. Voy. arrêté du 27 juillet 1848, plus loin, p. 108.

sibles au service paléographique soutiennent, dans la séance inaugurale de la rentrée suivante, un acte public sur un thème imprimé qu'ils ont choisi. A la suite de cette épreuve sont conférés les diplômes d'archiviste-paléographe[1]. Ils sont donnés, en notre nom, par notre ministre secrétaire d'État au département de l'instruction publique et contre-signés par le président du Conseil et par le directeur de l'École.

18. Aux diplômes d'archiviste-paléographe est attaché le droit à un traitement fixe de six cents francs, mis à la disposition de notre ministre secrétaire d'État au département de l'instruction publique, par la loi de finances du 3 juillet 1846. Ce traitement ne se cumule avec aucune autre fonction rétribuée dont le traitement lui soit supérieur. Il ne se perd que par le refus d'acceptation des emplois institués pour les archivistes-paléographes[2].

19. Le diplôme d'archiviste-paléographe donne droit :

Aux fonctions de répétiteurs et professeurs de l'École des chartes;

A celles d'auxiliaires pour les travaux de l'Académie des inscriptions et belles-lettres[3];

A celles d'archivistes des départements[4];

A celles d'employés dans les bibliothèques publiques du Royaume, dans la proportion d'une place sur trois vacances[5].

Les bibliothécaires ou employés dans les bibliothèques communales doivent être pris, soit parmi les anciens élèves

---

1. Quelquefois, dans les actes du gouvernement, la désignation générale d'élève de l'École des chartes est employée abusivement pour celle d'archiviste paléographe. Voy. par exemple, p. 117, l'art. 1er du décret du 4 février 1850.

2. Voy. décret du 14 février 1851, limitant à trois ans la jouissance de ce traitement et réglant le mode de transmission, plus loin, p. 118.

3. Voy. p. 19 et p. 98 l'ordonn. du 1er mars 1832, art. 2.

4. Voy. décret du 4 février 1850, plus loin, p. 117.

5. Voy. p. 99.

de l'École des chartes, soit parmi les employés à la mairie ayant dix ans de service en cette qualité, les membres de l'Université et les habitants ou originaires de la cité ayant publié des travaux scientifiques ou littéraires.

Les élèves de l'École des chartes sont chargés particulièrement de la publication des Documents inédits de l'histoire de France.

Ils jouiront des droits stipulés par les articles 9 et 14 de l'ordonnance royale du 5 janvier 1846 sur le service des Archives du Royaume[1].

20. Les ordonnances en date des 22 février 1821, 16 juillet 1823 et 11 novembre 1829 sont et demeurent rapportées.

21. Notre ministre secrétaire d'État au département de l'instruction publique et notre ministre secrétaire d'État au département de l'intérieur sont chargés, etc.

XIX.

Arrêté de M. de Vaulabelle, ministre de l'instruction publique, relatif à la composition du jury d'examen de l'École des chartes.

Du 27 juillet 1848[2].

Le ministre de l'instruction publique et des cultes, vu les articles 7 et 17 de l'ordonnance du 31 décembre 1846, sur la proposition de M. le directeur de l'École des chartes, arrête :

Art. 1er. Les professeurs auxiliaires ou répétiteurs de l'École des chartes sont autorisés à assister cette année, avec voix délibérative, les membres du Conseil de perfectionnement et les professeurs titulaires, dans les examens institués auprès de cette École pour l'admission et la sortie des élèves.

2. M. le directeur de l'École des chartes est chargé, etc.

1. Voy. p. 100 et 101.
2. 2e série, t. IV, p. 530.

XX.

Rapport du ministre de l'agriculture et du commerce (M. Lanjuinais), chargé par intérim du département de l'instruction publique et des cultes, au Président de la République.
Du 18 octobre 1849.

Monsieur le Président,

L'ordonnance du 31 décembre 1846, qui a réorganisé l'École nationale des chartes, réclame aujourd'hui quelques modifications essentielles. Il est surtout deux de ses dispositions dont les graves inconvénients ont été démontrés par une expérience de trois années. Il est donc urgent d'y substituer des dispositions nouvelles, avant le commencement de la prochaine année scolaire. Tel est l'objet du décret que j'ai l'honneur de soumettre à votre approbation.

L'article 13 de l'ordonnance de 1846 impose, aux jeunes gens qui se destinent à l'École des chartes, la double obligation d'être bacheliers ès-lettres et de subir un examen sur l'histoire de France. Cette formalité, qui n'était pas prescrite par les ordonnances antérieures, a pour résultat immédiat d'éloigner de l'École un certain nombre de jeunes gens qu'intimident les hasards d'une épreuve à laquelle ils ne sauraient être convenablement préparés. En effet, la spécialité exigée dans l'examen leur a manqué dans l'enseignement; le programme des leçons de l'École des chartes, dont ils n'ont pas encore suivi les cours, ne pouvant servir pour cet examen, ils ont à répondre nécessairement ou sur des sujets étrangers à leurs études universitaires, ou sur des questions puisées dans le programme du baccalauréat ès-lettres. Dans le premier cas, leurs réponses, si peu satisfaisantes qu'elles soient, ne doivent rien faire préjuger contre leur aptitude; et, dans le second, l'examen de l'École n'est plus qu'une répétition insignifiante d'une partie de l'examen qu'ils ont déjà subi devant la Faculté. L'utilité de cet examen d'entrée est d'autant plus contestable, que, jusqu'à ce jour, tous les candidats qui s'y sont présentés, même avec désavantage, ont été reçus par le Conseil de perfectionnement, disposé, en pareil cas, à l'indulgence par les considérations les plus légitimes. Il est donc aussi difficile d'apercevoir les avantages d'une telle épreuve, qu'il est aisé d'en apprécier les inconvénients, par la diminution notable qu'elle apporte dans le nombre des élèves. La comparaison des registres d'inscription antérieurs à 1847, avec ceux des années subséquentes, ne peut laisser aucun doute à cet égard.

Les dispositions de l'article 16 de l'ordonnance de 1846 ont, s'il est possible, des résultats plus fâcheux encore. A la suite de cet examen d'entrée, si imparfait et si peu concluant, il est accordé, en vertu de l'article désigné, aux deux premiers élèves admis, une bourse de 600 fr., qu'ils conservent pendant les trois années d'études de l'École, même lorsqu'ils ne gardent pas les deux premiers rangs, même, ce qui arrive, lorsqu'ils descendent jusqu'aux dernières places aux examens de fin d'année, examens véritablement sérieux et tout spéciaux. La troisième bourse, mise au concours à la fin de la première année, quoique mieux distribuée que les deux premières bourses, participe néanmoins de leur immutabilité.

Un pareil ensemble de dispositions est évidemment vicieux, non-seulement parce qu'il confère aux élèves, lorsqu'ils n'ont encore fait preuve, à l'École, ni d'aptitude ni de travail, plus d'avantages qu'ils n'en obtiennent souvent au bout de leurs trois années d'études, et qu'il détruit l'émulation; mais encore parce qu'il peut attirer à l'École des jeunes gens moins jaloux, il faut le dire, d'y puiser l'instruction, que d'y trouver un supplément de ressources pour suivre d'autres carrières.

Si ce système, monsieur le Président, est jugé par vous aussi défectueux qu'il l'a paru aux juges les plus compétents, il sera facile d'y remédier, en mettant toutes les bourses au concours à la fin de chaque année. Ainsi se trouvera ranimée dans l'École l'émulation, ce grand principe de tout progrès; et l'Administration, pour avoir prématurément récompensé de simples espérances plus ou moins fondées, ne se verra plus dépourvue de tous moyens d'offrir une rémunération légitime au travail réel et au mérite éprouvé.

J'ai donc l'honneur de vous prier, monsieur le Président, de vouloir bien modifier, dans l'esprit des observations que je viens de vous soumettre, les articles 13, 15 et 16 de l'ordonnance du 31 décembre 1846. En outre d'une expérience de trois années qui a condamné l'ancien système, ces dispositions nouvelles se présentent avec la sanction d'une double autorité, celle du directeur

de l'École des chartes et du président du Conseil de perfectionnement, dont j'ai réclamé l'avis et consulté les lumières.

Je ne doute pas, monsieur le Président, que la mesure qui fait
l'objet du présent décret n'exerce une salutaire influence sur l'avenir de l'École des chartes et sur le progrès de ses études.

Agréez, etc.

XXI.

Décret modifiant l'ordonnance du 31 décembre 1846.

Du 18 octobre 1849[1].

Le Président de la République,

Sur le rapport du ministre de l'agriculture et du commerce, chargé par intérim du département de l'instruction
publique et des cultes,

Considérant qu'une expérience de trois années a fait
connaître qu'il y avait lieu de modifier l'ordonnance du
31 décembre 1846 portant réorganisation de l'École des
chartes, dans ses dispositions relatives à l'admission des
élèves et à la répartition des bourses qui leur sont attri-
buées ;

Décrète :

Art. 1er. Tout bachelier ès-lettres âgé de moins de vingt-
quatre ans qui se sera fait inscrire au secrétariat de l'École
des chartes avant la rentrée des cours, pour obtenir le titre
d'élève, et qui aura justifié de son âge et de son diplôme,
sera candidat de plein droit, si le Conseil de perfectionnement de l'École le présente au choix du ministre.

2. Les élèves sont gratuits ou boursiers. Les uns et les
autres participent également aux études et répétitions intérieures. Ils sont admis aux mêmes épreuves, et acquièrent
les mêmes droits. Les élèves boursiers sont au nombre de
huit. Les bourses sont annuelles, et consistent dans un
traitement de six cents francs chacune.

1. 3ᵉ série. t. I, p. 85.

3. A la fin de chaque année d'études, les huit bourses sont mises au concours, savoir : deux bourses pour les élèves du premier cours, trois bourses pour ceux du deuxième, et trois bourses pour ceux du troisième.

Les bourses, une fois obtenues, ne peuvent se perdre que par un jugement du Conseil de perfectionnement, approuvé par le ministre.

4. Les dispositions de l'article précédent auront leur effet à partir de la rentrée prochaine, et elles s'appliqueront successivement aux bourses devenues vacantes, de manière qu'il ne puisse être porté atteinte aux droits acquis des boursiers actuels.

5. Les articles 13, 15 et 16 de l'ordonnance du 31 décembre 1846 sont rapportés.

6. Le ministre de l'instruction publique et des cultes est chargé, etc.

XXII.

Rapport de M. Ferdinand Barrot, ministre de l'intérieur, au Président de la République.

Du 4 février 1850 [1].

Monsieur le Président,

Malgré les décrets de la Convention contre les titres féodaux, malgré de fréquentes dévastations, des incendies, des ventes de vieux papiers, des détériorations dues à l'humidité des locaux ou au défaut de soins, des infidélités nombreuses, des remises inconsidérées de titres aux familles d'émigrés en 1815, etc., etc., les archives de nos départements et de nos communes contiennent encore des documents historiques d'une grande valeur.

Avant 1830, la partie de ces archives qui est antérieure à 1790, c'est-à-dire la plus curieuse, la plus intéressante, était à peu près inconnue. Les encouragements donnés aux études historiques par le gouvernement de juillet, et notamment la formation, sous son patronage, de sociétés pour la découverte et la mise en œuvre des

_____

1. 3ᵉ série, t. I, p. 290.

monuments de notre histoire, appelèrent l'attention sur les titres anciens qui pouvaient encore être restés dans les préfectures et les mairies. En 1838, des mesures furent prises pour arrêter l'œuvre de destruction dont ils avaient été l'objet. Dans ce but, la loi du 10 mai de la même année classa parmi les dépenses obligatoires des budgets départementaux les frais de conservation des archives. Péu de temps après, des instructions ministérielles en prescrivirent le classement et l'inventaire, d'après des méthodes consacrées par l'expérience [1].

En 1841, une commission composée d'hommes spéciaux fut instituée près le ministère de l'intérieur, pour diriger l'exécution des mesures prescrites par ces instructions, et donner aux travaux des archives une impulsion vigoureuse et soutenue.

D'importantes publications statistiques, entreprises sous les auspices de cette commission, permettent aujourd'hui d'apprécier, au moins d'une manière générale, le nombre et la valeur des documents dont se composent nos archives départementales, et il est permis d'espérer que, grâce à la sollicitude active du gouvernement, nous aurons également, dans un délai rapproché, les mêmes renseignements sur les archives communales, surtout si la nouvelle loi municipale lui donne, pour assurer la conservation de ces archives, les mêmes moyens d'action qu'elle tient de la loi du 10 mai précitée.

Les travaux entrepris sur les archives départementales et communales auront, quand ils seront terminés, cet important résultat, qu'un double de l'inventaire fidèle de tous les actes, de tous les titres, de tous les documents qui s'y trouvent, aura été déposé aux Archives Nationales à Paris, et mis ainsi à la disposition des savants qui se sont consacrés à l'étude des origines et des diverses transformations de la société politique et civile en France. Il n'est pas permis d'en douter : grâce à cette mesure, une lumière abondante et imprévue viendra éclairer bien des points obscurs de notre histoire, et permettra de combler de regrettables lacunes dans les recherches dont nos anciennes institutions politiques, financières, administratives, judiciaires, etc., ont été l'objet.

Mais, il ne faut pas se le dissimuler, les travaux dont je parle

1. Voy. Circulaires du ministère de l'intérieur du 8 août 1839 (n° 56), du 24 avril 1841 (n° 14), et du 16 juin 1842 (n° 16).

ne pourront être faits avec les soins que l'administration exige, et ne pourront être terminés dans les délais qu'elle prévoit, que si le classement des archives départementales est confié à des hommes jeunes encore, laborieux, zélés, pleins de dévouement à leur œuvre, et surtout possédant les connaissances spéciales nécessaires à l'accomplissement de leur mission.

Tous les archivistes actuels se trouvent-ils dans ces conditions? Ont-ils tous cette vigueur du corps et de l'esprit qu'exigent les longs et patients efforts que nous leur demandons? Ont-ils tous ce culte de la science qui peut seul, ou du moins bien plus que les encouragements officiels, les soutenir dans la tâche pénible que nous leur imposons? Ont-ils tous les notions paléographiques qui leur sont indispensables? Peuvent-ils tous, notamment, déchiffrer les écritures des divers siècles de notre histoire, écritures si variées, si changeantes, aux abréviations si nombreuses et si compliquées? Sont-ils tous initiés à la connaissance de cette basse latinité dont Du Cange nous a livré les secrets, et qui a servi longtemps à la rédaction d'un grand nombre d'actes politiques ou de la vie privée? Ont-ils fait des études de linguistique suffisantes pour comprendre les divers idiomes en usage en France jusqu'au moment de la constitution de l'unité de la langue, qui prépara si efficacement l'unité politique du pays? Ont-ils tous enfin les connaissances historiques sans lesquelles une foule de documents, que peuvent seuls expliquer les mœurs, les usages, les institutions locales, les détails intimes d'organisation féodale et communale, restent comme une indéchiffrable énigme?

Il est permis d'en douter.

Dans l'état de choses actuel, les frais de conservation des archives constituant une dépense départementale et étant soumis chaque année au vote des conseils généraux, on a cru devoir laisser aux préfets le droit de nommer l'archiviste du département, sauf l'approbation ministérielle.

Cette approbation n'est donnée, il est vrai, que sur l'avis de la Commission des archives et après un travail d'épreuve demandé à l'élu du préfet; mais, comme le ministre n'a presque jamais à choisir entre plusieurs candidats, qu'il ne possède, ainsi que la Commission, aucun moyen de s'assurer si le travail d'épreuve qui lui est transmis est bien l'œuvre exclusive de celui qui l'envoie, il en résulte que le choix de la préfecture est presque toujours

confirmé. Or, l'expérience a démontré que ce choix porte, généralement, sur des employés âgés, qui ne peuvent plus rendre de
services dans les bureaux et auxquels la garde des archives est
donnée, soit comme une retraite, soit comme supplément de
retraite. Dans un certain nombre de départements, l'archiviste
continue à faire un service actif dans les bureaux et ne consacre
aux archives que les courts loisirs que lui laisse son travail principal. Il est facile de se rendre compte des conséquences d'un
pareil état de choses. Vivement stimulé par les lettres ministérielles, l'archiviste rédige péniblement un petit nombre d'inventaires, portant sur quelque fonds sans importance, et dans lesquels
il omet souvent les pièces les plus curieuses, les plus utiles à
connaître, parce qu'il n'a pu les déchiffrer. Mais ce premier effort
est rarement suivi d'un second, et bientôt les sollicitations de
l'administration restent sans résultat. La loi du 28 pluviôse an VIII
a bien placé les archives sous la garde du secrétaire-général de
la préfecture. Mais, d'abord, depuis la loi de finances du 18 novembre 1848 (*sic*), il n'existe plus que dans le département de la
Seine un fonctionnaire de ce nom, exclusivement chargé de
seconder le préfet dans l'expédition des affaires. Partout ailleurs,
le secrétaire-général, comme membre du conseil de préfecture,
remplit à la fois des fonctions administratives et judiciaires, et
ne peut guère, par suite de la multiplicité de ses occupations,
exercer sur les archives une surveillance active. Cette surveillance, en outre, ne pourrait être efficace, que s'il possédait des
connaissances spéciales, qui lui permissent de contrôler les travaux
de l'archiviste.

Chaque année, le conseil général qui vote le traitement de cet
employé charge une commission d'aller inspecter les archives de
la préfecture. Mais cette inspection ne peut avoir d'autre objet
que de vérifier si l'ordre y règne, un ordre tout extérieur, si le
local est suffisant, s'il n'est pas humide, si toutes les précautions
sont prises pour assurer la conservation des dépôts. Quant aux
travaux de classement et d'inventaire, la commission ne peut
guère que s'en rapporter aux déclarations de l'archiviste sur leur
état d'avancement.

Frappée des inconvénients d'un pareil état de choses, la Commission des archives s'est demandé s'il n'était pas possible d'y
remédier, et si l'intérêt général, qui est vivement engagé dans la

conservation de nos archives locales, n'exigeait pas impérieusement que le choix des archivistes fût soumis désormais à des épreuves de capacité plus sévères. Après un examen approfondi de la question, elle a été d'avis, à l'unanimité, que, tout en laissant, comme par le passé, la présentation du candidat à l'autorité préfectorale, il était nécessaire de resserrer le cercle dans lequel son choix s'exerce aujourd'hui, en décidant qu'il ne pourrait porter à l'avenir que sur un certain nombre de personnes, dont l'aptitude aurait été officiellement constatée.

Elle s'est en outre préoccupée de la haute convenance d'assurer l'exécution de l'art. 19 de l'ordonnance royale du 31 décembre 1846, contenant l'organisation de l'École des chartes, aux termes duquel les élèves quittant cette école avec le diplôme d'archiviste-paléographe ont droit à remplir les fonctions d'archivistes des départements, droit dont un très-petit nombre a pu profiter jusqu'à présent.

Mais, prévoyant que d'autres fonctions, ou moins obscures, ou mieux rétribuées, pouvaient leur être offertes, elle a émis en même temps le vœu qu'à défaut d'élèves de l'École des chartes, les préfets pussent présenter un candidat qui aurait reçu un certificat de capacité, après examen devant une commission formée par le ministre de l'intérieur.

Ce vœu m'a paru conforme au principe dont le pays attend avec confiance la prochaine consécration légale, que les fonctions publiques doivent être réservées à la capacité. J'ai pensé, en outre, qu'il était utile d'encourager et de mettre en honneur les études paléographiques, études difficiles, pénibles, que bien peu de jeunes gens se décident spontanément à entreprendre, et qui, cependant, se lient intimement aux progrès de la science historique.

J'ai l'honneur en conséquence, monsieur le Président, de vous prier de vouloir bien signer le projet de décret ci-annexé, qui fait droit au vœu exprimé par la Commission des archives départementales et communales.

Je suis, etc.

XXIII.

Décret concernant les archivistes des départements.

Du 4 février 1850 1.

Le Président de la République,

Vu la loi du 10 mai 1838, article 12 ;

Vu l'ordonnance du 31 décembre 1846, relative à l'organisation de l'École des chartes, article 19 ;

Vu l'avis émis, le 16 août 1849, par la commission des archives départementales et communales instituée par le ministre de l'intérieur ;

Sur le rapport du ministre de l'intérieur,

Décrète :

Art. 1er. A l'avenir, les archivistes des départements devront être choisis parmi les élèves de l'École des chartes[2], et, à défaut, parmi les personnes qui auront reçu un certificat d'aptitude délivré, après examen, par une commission que le ministre de l'intérieur est chargé d'organiser.

Toutefois, cette nomination ne sera valable qu'après l'approbation du ministre de l'intérieur[3].

2. Les préfets nommeront aux places vacantes d'archivistes dans leurs départements.

3. Le ministre de l'intérieur est chargé, etc.

---

1. 3e série, t. I, p. 294.

2. Voy. p. 107, note 1.

3. Décret du 25 mars 1852, art. 5 : « Ils (les préfets) nommeront directement, sans l'intervention du gouvernement, et sur la présentation des divers chefs de service, aux fonctions et emplois suivants : ..... 8° les archivistes départementaux. » Cette disposition ne modifie en rien l'art. premier du décret du 4 février 1850, et M. le ministre de l'intérieur a rappelé aux préfets, par une circulaire, que ce décret était toujours en vigueur quant à sa disposition fondamentale.

XXIV.

Rapport de M. Ch. Giraud, ministre de l'instruction publique, au Président de la
République.

Du 14 février 1851 [1].

Monsieur le Président,

L'article 18 de l'ordonnance du 31 décembre 1846, portant réorganisation de l'École des chartes, confère à tout élève qui a
obtenu le diplôme d'archiviste-paléographe un traitement fixe de
600 francs, qui a été principalement institué pour donner à ces
anciens élèves le temps de se pourvoir d'un emploi. Le même
article porte que ce traitement ne pourra se cumuler avec une
fonction rétribuée, et qu'il se perdra par le refus d'acceptation
d'un emploi institué pour les archivistes-paléographes.

Mais, par une omission fâcheuse, aucun terme n'a été assigné à
la jouissance de ce traitement. Le silence de l'ordonnance à cet
égard est d'autant plus regrettable, que le budget de l'École ne
comprend que six traitements de 600 francs, tandis que le nombre
des archivistes-paléographes, considérablement plus élevé, continue à s'accroître chaque année par de nouvelles promotions. Il
résulte de cet état de choses que les traitements étant en nombre
insuffisant pour faire participer tous les élèves de l'École, munis
de ces diplômes, à l'avantage créé en leur faveur, ceux de ces
élèves qui ont obtenu le traitement lors de la première distribution en 1847 en sont encore pourvus, et ils peuvent ainsi le conserver indéfiniment, au détriment des nouveaux élèves à qui l'ordonnance de 1846 a principalement voulu l'adresser.

Deux moyens s'offraient pour faire cesser cet abus, qui est
aussi contraire à la justice qu'à l'égalité des droits : mettre les
archivistes pensionnaires en demeure d'accepter ou de refuser un
emploi, ou compléter l'article 18 par une disposition nouvelle.

Le premier moyen eût été peu efficace : d'une part, les places
réservées aux élèves de l'École des chartes ne sont pas toutes à
la nomination du département de l'instruction publique; et d'une
autre part, si les pensionnaires ne trouvaient aucun emploi à leur

J. 3ᵉ série, t. II, p. 295.

convenance, s'ils montraient peu d'empressement à entrer dans la carrière pour laquelle ils reçoivent les encouragements de l'État, le traitement de disponibilité, auquel tous ont un droit égal, se perpétuerait encore dans les mêmes mains, et deviendrait, contrairement au but de l'institution, une sorte de pension viagère.

Il m'a donc paru préférable, de l'avis du Conseil de perfectionnement de l'École des chartes, de réparer l'omission commise en 1846, en posant une limite à la jouissance du traitement, et en réglant le mode de distribution, entre les archivistes, de ces traitements devenus vacants. Sur le premier point, trois années ont paru suffisantes pour que le titulaire puisse se pourvoir d'un emploi; quant à la transmission des traitements, l'équité veut qu'elle se fasse suivant l'ancienneté et le rang obtenu dans les promotions, et elle aura lieu sur la proposition du Conseil de perfectionnement de l'École. Le plus grand nombre des élèves munis du diplôme d'archiviste sera ainsi assuré de jouir, à tour de rôle, du traitement auquel tous ont droit de prétendre, et on préviendra le retour de l'abus qui s'est maintenu depuis la réorganisation de l'École jusqu'à ce jour.

J'ai pensé enfin que ces dispositions nouvelles devaient être appliquées le plus tôt possible, et j'ai indiqué qu'elles recevraient leur exécution à partir du 1er janvier 1851. Ces mesures, Monsieur le Président, étaient réclamées depuis longtemps, et en les soumettant à votre appréciation, j'ai l'honneur de vous proposer de les sanctionner par le décret joint au présent rapport.

Agréez, etc.

XXV.

Décret relatif au traitement des archivistes-paléographes.

Du 14 février 1851 [1].

Le Président de la République, sur le rapport du ministre de l'instruction publique et des cultes; vu l'article 18 de l'ordonnance du 31 décembre 1846, portant réorganisation de l'École nationale des chartes; vu l'avis émis par le

1. 3e série, t. II, p. 296.

Conseil de perfectionnement de l'École nationale des chartes, dans sa séance du 20 décembre 1850, relativement au meilleur mode de distribution du traitement fixe de 600 francs attaché aux diplômes d'archiviste-paléographe, traitement à la jouissance duquel aucun terme n'a.été assigné par l'ordonnance précitée, décrète :

Art. 1er. Les archivistes-paléographes qui auront été mis en possession du traitement fixe de 600 francs, institué par l'art. 18 de l'ordonnance du 31 décembre 1846, en jouiront pendant trois ans, à moins qu'ils ne se trouvent placés, avant ce terme, dans l'un ou l'autre cas d'exclusion qui sont déterminés par ledit article.

2. A l'expiration des trois années, et toutes les fois que ce traitement deviendra vacant, il sera transmis, après avis du Conseil de perfectionnement de l'École nationale des chartes, à un nouveau titulaire, en suivant de préférence, pour cette transmission, l'ancienneté, et surtout le rang obtenu dans les promotions.

3. Ces dispositions supplémentaires à l'ordonnance du 31 décembre 1846 seront exécutoires à partir du 1er janvier de l'année 1851.

4. Le ministre de l'instruction publique et des cultes est chargé, etc.

XXVI.

Extrait du décret relatif aux certificats d'admission dans les écoles spéciales, qui suppléent aux brevets de capacité pour l'enseignement primaire.

Du 31 mars 1851 [1].

Art. 1er. Les certificats d'admission dans les écoles spéciales, qui suppléent aux brevets de capacité pour l'enseignement primaire, ne peuvent être délivrés, quant à présent, que par les chefs ou directeurs des établissements

1. 3e série, t. III, p. 104.

ci-après, savoir : l'École normale supérieure, l'École polytechnique, ... l'École des chartes.

2. Les certificats d'admission signés par les chefs d'établissements indiqueront la date de l'entrée et de la sortie
de l'élève, qui devra signer également. Les signatures
seront légalisées par le maire[1].

XXVII.

Règlement pour les examens, les compositions et les thèses des élèves de l'École
des chartes.

Du 26 mai 1854.

1.

Les élèves de l'École des chartes subissent à la fin de
chaque année deux épreuves : la première consiste dans
un examen oral; la seconde dans une composition écrite.
En outre, les élèves de troisième année dont l'aptitude a
été constatée par ces deux épreuves sont admis à l'épreuve
définitive de la thèse.

2.

L'examen oral consiste, savoir :

Pour les élèves de première année,

1° Dans le déchiffrement d'une charte latine et d'une
charte française.

---

1. Depuis le décret du 18 octobre 1849, modifiant l'ordonnance du 31 décembre
1846, jusqu'à l'arrêté ministériel du 24 juillet 1872, il a suffi, pour être admis
de plein droit à l'École des chartes, d'avoir moins de 24 ans, d'être bachelier
ès-lettres, et d'être présenté au choix du ministre par le Conseil de perfectionnement. Il paraît douteux que le décret ci-dessus, dans son esprit au moins,
se réfère à cette admission en première année, qui n'était alors précédée
d'aucun concours ou examen.

Le décret est, du reste, tout à fait inutile pour l'École des chartes et l'École
normale, mentionnées par inadvertance, puisqu'il faut être bachelier pour être
admis à ces deux Écoles, et qu'aux termes de l'article 25, deuxième alinéa, de
la loi du 15 mars 1850, le brevet de capacité peut être suppléé par le diplôme
de bachelier.

2· Dans la traduction de ces chartes faite sur une transcription communiquée aux élèves.

3° Dans un certain nombre de questions relatives au texte de ces chartes.

Pour les élèves de deuxième et de troisième année,

Dans un certain nombre de questions relatives à l'enseignement qu'ils auront reçu pendant le cours de l'année.

3.

La composition écrite consiste, savoir :

Pour les élèves de première année,

1° Dans la transcription et la traduction d'une charte latine et d'une charte provençale.

2° Dans un certain nombre de questions relatives au texte de ces chartes.

3· Dans un commentaire de ces chartes.

Pour les élèves de seconde année,

1· Dans la transcription et la traduction d'une charte latine.

2° Dans un certain nombre de questions relatives au texte de cette charte.

3° Dans un commentaire de la même charte.

Pour les élèves de troisième année,

Dans un certain nombre de questions relatives à l'enseignement qu'ils auront reçu pendant le cours de l'année.

4.

Le sujet des thèses est laissé au choix des élèves; mais il doit porter sur des matières qui se rattachent à l'enseignement de l'École. Les élèves sont invités à consulter d'avance le directeur de l'École sur le sujet qu'ils se proposent de traiter.

5.

Dans le cours du mois de juillet, le Conseil de perfectionnement se réunit pour fixer l'époque et choisir le sujet des examens et des compositions.

6.

Il détermine d'avance le texte et le sens des chartes ainsi que la nature et la solution des questions dont il fait choix, en consultant pour chacun des cours les programmes détaillés qui doivent être rédigés avant l'ouverture des examens par MM. les professeurs et les répétiteurs et qui restent déposés dans les archives de l'École.

7.

Les chartes et les questions choisies par le Conseil sont renfermées dans une enveloppe scellée et tenues secrètes jusqu'au jour fixé pour l'examen ou la composition.

8.

Pour apprécier le mérite relatif de chaque élève les examinateurs tiennent note de chacune des fautes qu'il a commises, en marquant du chiffre 1 une faute légère, du chiffre 2 une faute grave, du chiffre 3 une faute très-grave. Ces éléments d'appréciation sont discutés en commun et fixés à la majorité des voix, en cas de dissentiment sur le nombre ou la gravité des fautes.

Le Conseil décide de même, à la majorité des voix, le rang des élèves qui n'auraient commis aucune faute matérielle.

9.

Lorsque ces éléments d'appréciation ont été fixés en détail pour chaque élève, on procède à l'addition des fautes et le résultat sert de règle pour dresser une liste provisoire des élèves par ordre de mérite : 1° à la fin de l'examen oral; 2° après la correction des compositions écrites; 3° après la discussion des thèses.

10.

En ce qui concerne les compositions écrites, cette liste provisoire est arrêtée avant l'ouverture de l'enveloppe qui contient les noms des élèves.

11.

L'addition des chiffres qui expriment le rang assigné à chacun des élèves dans les listes provisoires sert de règle pour dresser la liste définitive par ordre de mérite.

12.

En cas d'égalité dans les chiffres résultant de la combinaison des listes provisoires, la composition écrite l'emporte sur l'examen oral, et l'examen oral sur la thèse.

Si l'égalité existait non-seulement dans les listes provisoires, mais aussi dans les listes définitives, on tiendrait compte de l'assiduité constatée par le registre de présence. Si ces divers éléments d'appréciation ne fournissaient aucun motif de préférence, le Conseil soumettrait les concurrents à une épreuve supplémentaire.

13.

Pendant la durée de l'examen oral, les élèves demeurent éloignés de la salle d'examen et se tiennent dans la pièce qui leur est assignée jusqu'au moment où on les appelle pour être interrogés.

14.

Il est interdit aux élèves d'avoir à leur disposition ou de consulter, pendant le temps consacré aux compositions, des livres, des manuscrits, des résumés ou des notes de quelque nature qu'ils soient. Ceux qui en auront apporté devront, dès l'ouverture de la séance, les remettre à MM. les répétiteurs chargés de la surveillance. Quiconque contreviendrait à cette disposition serait exclu du concours.

15.

Il est également interdit aux élèves, et sous la même peine, de communiquer avec qui que ce soit, verbalement ou par écrit, et de sortir de l'établissement pendant la durée des compositions. L'appariteur serait chargé à cet effet de surveiller les élèves qui seraient autorisés à quitter momentanément la salle des compositions.

16.

A l'ouverture de la séance, et avant de faire connaitre le sujet de la composition, MM. les répétiteurs liront à haute voix les deux articles précédents. Ils annonceront en même temps l'heure à laquelle les compositions devront être terminées.

17.

Chaque élève inscrira en tête de sa composition une devise qu'il répétera sur une enveloppe cachetée renfermant un bulletin où il aura d'avance marqué son nom. A la clôture de la séance, MM. les répétiteurs réuniront toutes les compositions sous une même enveloppe qu'ils scelleront immédiatement. Ils renfermeront sous un autre pli, qu'ils scelleront également, les enveloppes contenant le nom de chaque élève. Ils rédigeront un procès-verbal de la séance en y constatant les noms des élèves présents, l'observation du règlement ou les infractions qui auraient eu lieu et toute autre circonstance qui mériterait d'être signalée.

18.

Les élèves admis à concourir pour le brevet d'archiviste-paléographe devront déposer au secrétariat de l'École, avant le 1er octobre, leurs thèses et les questions ou positions qu'ils en auront extraites pour être imprimées.

19.

Les thèses déposées après le 1er octobre seront exclues du concours [1].

20.

Les questions ou positions ne peuvent être livrées à l'impression qu'après avoir été examinées et visées par le directeur de l'École. Le répétiteur général est chargé de

1. Les articles 18 et 19 sont abrogés. Voir ci-dessous l'arrêté du 2 février 1866, art. 5 et 6.

surveiller l'impression qui doit être conforme au manuscrit visé par le directeur.

21.

Les thèses sont soutenues en séance publique; il est accordé vingt minutes au moins et une demi-heure au plus pour la discussion de chaque thèse.

Approuvé :

Le ministre de l'instruction publique et des cultes,

FORTOUL.

XXVIII.

Arrêté ministériel approuvant le règlement précédent.

Du 26 mai 1854.

Le ministre de l'instruction publique et des cultes,

Vu l'ordonnance du 31 décembre 1846, article 5;

Sur la proposition du Conseil de perfectionnement de l'École impériale des chartes,

Arrête :

Article 1er.

Le règlement relatif aux examens, aux compositions et aux thèses de l'École impériale des chartes, tel qu'il a été adopté par le Conseil de perfectionnement de l'École dans sa séance du 28 avril 1854, est et demeure approuvé.

Art. 2.

Il ne pourra être apporté, sans l'autorisation du ministre de l'instruction publique, aucune modification audit règlement dont une copie demeure annexée au présent arrêté.

Art. 3.

M. le vice-président du Conseil de perfectionnement de l'École impériale des chartes est chargé d'assurer l'exécution du présent arrêté.

Fait à Paris, le 26 mai 1854.

Signé : H. FORTOUL.

XXIX.

Décret relatif aux répétiteurs de l'École des chartes.

Du 30 septembre 1854.

Napoléon, par la grâce de Dieu et la volonté nationale, empereur des Français,

À tous présents et à venir, salut.

Sur le rapport de notre ministre secrétaire d'État au département de l'instruction publique et des cultes,

Vu l'ordonnance royale du 31 décembre 1846,

Vu l'avis du Conseil de perfectionnement de l'École impériale des chartes,

Avons décrété et décrétons ce qui suit :

Article 1er.

Les répétiteurs de l'École impériale des chartes porteront à l'avenir le titre de professeurs-adjoints.

Le répétiteur général aura le titre de professeur-adjoint, auquel il joindra celui de sous-directeur des études.

Le secrétaire-trésorier, chargé des suppléances, prendra le titre de professeur-suppléant.

Art. 2.

Toutes les dispositions contraires au présent décret sont et demeurent abrogées.

Art. 3.

Notre ministre secrétaire d'État au département de l'instruction publique et des cultes est chargé de l'exécution du présent décret.

Fait à Boulogne, le 30 septembre 1854.

Signé : NAPOLÉON.

Par l'empereur :

Le ministre secrétaire d'État
au département de l'instruction publique et des cultes.

Signé : H. FORTOUL.

XXX.

Extrait du Décret impérial du 22 décembre 1855, relatif à l'organisation des Archives de l'Empire.

Art. 12. .....Les sous-chefs sont choisis parmi les archivistes, parmi les surnuméraires auxiliaires, les élèves de l'École des chartes pourvus d'un diplôme d'archiviste-paléographe, et les archivistes départementaux et communaux ayant au moins trois ans d'exercice.

XXXI.

Extrait du Règlement intérieur des Archives de l'Empire, en date du 12 novembre 1856.

Art. 39. Les demandes de communications faites par les fonctionnaires publics, les membres et les lauréats de l'Institut, les docteurs de l'une des facultés, les archivistes-paléographes et les élèves de l'École des chartes, sont transmises directement par le bureau des renseignements aux chefs de sections qu'elles concernent ; ceux-ci donnent communication immédiate des documents ou la refusent en motivant leur refus. Il en est de même des demandes formées par les personnes qui ont obtenu l'autorisation de travailler aux archives.

XXXII.

Décret relatif au concours de l'agrégation d'histoire et géographie.
Du 24 juillet 1863.

Un décret, rendu sur la proposition du ministre de l'instruction publique le 24 juillet 1863, est ainsi conçu :

1° Les anciens élèves de l'École impériale des chartes, pourvus du diplôme d'archiviste-paléographe, licenciés ès-lettres, sont admis à se présenter, après deux ans d'enseignement, au concours de l'agrégation spéciale d'histoire et de géographie.

Les trois années d'études qu'ils ont passées dans cette École leur sont comptées comme années d'enseignement.

2º Notre ministre secrétaire d'État au département de l'instruction publique est chargé de l'exécution du présent décret.

XXXIII.

Arrêté ministériel relatif à l'assistance aux cours de l'École des chartes.

Du 30 novembre 1865.

Le ministre secrétaire d'État au département de l'instruction publique,

Vu l'article 11 de l'ordonnance royale du 31 décembre 1846, concernant l'École des chartes,

Vu la délibération, prise le 20 novembre 1865 par le Conseil de perfectionnement de ladite École,

Arrête :

Article 1er.

A chaque leçon, les élèves de l'École impériale des chartes seront tenus d'inscrire leur nom sur un registre de présence.

Art. 2.

Les élèves qui ne pourront pas assister à la leçon devront faire connaître, immédiatement et par écrit, au directeur, les motifs de leur absence.

Art. 3.

Le directeur fera inscrire les motifs d'excuse au registre de présence. Les élèves ne pourront être autorisés par le directeur à s'absenter pour plus d'un mois.

Art. 4.

A l'époque des examens, le Conseil de perfectionnement se fera remettre par le secrétaire de l'École un relevé des absences de chaque élève.

Art. 5.

Le Conseil pourra exclure des examens les élèves qui n'auront pas suivi exactement les cours de leurs Professeurs.

Art. 6.

M. le président du Conseil de perfectionnement et M. le directeur de l'École impériale des chartes sont chargés, chacun en ce qui le concerne, de l'exécution du présent arrêté.

V. Duruy.

XXXIV.

Arrêté ministériel relatif aux thèses.

Du 2 février 1866.

Le ministre secrétaire d'État au département de l'instruction publique,

Vu les articles 11 et 17 de l'ordonnance royale du 31 décembre 1846 concernant l'École des chartes,

Vu la délibération du Conseil de perfectionnement de ladite École, en date du 15 janvier dernier,

Arrête :

Art. 1er.

Les élèves dont l'aptitude a été constatée par le résultat de l'examen écrit qui termine la troisième année, sont déclarés admissibles à l'épreuve définitive de la thèse, et la liste en est immédiatement rendue publique dans l'ordre alphabétique des noms.

Art. 2.

Le sujet de la thèse est laissé au choix des élèves; il doit porter sur des matières qui se rattachent à l'enseignement de l'École.

Art. 3.

Avant le 1er mai de la troisième année, les élèves déposent au secrétariat le sujet qu'ils se proposent de traiter, pour être soumis à l'approbation du directeur de l'École.

Art. 4.

Les thèses devront être écrites lisiblement, paginées et brochées.

Art. 5.

Les élèves appelés à concourir pour le brevet d'archiviste-paléographe devront effectuer le dépôt de leur thèse au Secrétariat au plus tard le 15 novembre, avant 4 heures, terme de rigueur.

Art. 6.

Les élèves qui n'auront pas déposé leur thèse le 15 novembre seront exclus du concours. Ils ne pourront se présenter ultérieurement qu'avec l'autorisation du Conseil.

Art. 7.

Chaque élève devra remettre au secrétariat, avec sa thèse, la copie manuscrite des positions destinées à l'impression.

Art. 8.

Ces positions sont imprimées aux frais et par les soins des élèves; une épreuve doit en être soumise avant le tirage au directeur de l'École.

Art. 9.

Chaque élève publiera les positions de sa thèse sous sa responsabilité personnelle. Cette clause sera reproduite au bas des positions de chaque thèse.

Art. 10.

Les positions seront réunies en un fascicule dans le format et avec la justification ordinaire (ceux de la *Bibliothèque de l'École des chartes*); elles seront rangées dans l'ordre alphabétique des noms de famille des candidats.

Art. 11.

Il doit être remis à l'École cent exemplaires de ces positions imprimées. Le dépôt au secrétariat devra en être effectué avant le 1er décembre. La distribution en est confiée au secrétaire.

Art. 12.

Les thèses sont soutenues en séance publique dans le courant du mois de janvier.

Art. 13.

Les élèves dont les thèses auraient été préparées ou soutenues d'une manière insuffisante pourront être, soit refusés définitivement, soit ajournés à l'année suivante.

Art. 14.

L'élève reçu après un ajournement ne pourra être classé, il sera admis hors rang et ne pourra prétendre à aucune des bourses ou pensions affectées aux archivistes-paléographes.

Art. 15.

M. le président du Conseil de perfectionnement et M. le directeur de l'École impériale des chartes sont chargés, chacun en ce qui le concerne, de l'exécution du présent arrêté.

Signé : V. Duruy.

XXXV.

Décret relatif à la division des professeurs de l'École des chartes en deux classes.

Du 18 août 1866.

Napoléon, par la grâce de Dieu et la volonté nationale, empereur des Français, à tous présents et à venir, salut.

Sur le rapport de notre ministre secrétaire d'État au département de l'instruction publique,

Vu l'article 12 de l'ordonnance royale du 31 décembre 1846,

Vu le décret impérial du 30 septembre 1854,

Vu l'avis du Conseil de perfectionnement de l'École impériale des chartes,

Avons décrété et décrétons ce qui suit :

Article 1er.

Les professeurs titulaires de l'École impériale des chartes prendront désormais le titre de professeurs de 1re classe.

Art. 2.

Les professeurs adjoints de ladite École prendront le titre de professeurs de 2e classe.

Art. 3.

Notre ministre secrétaire d'État au département de l'instruction publique est chargé de l'exécution du présent décret.

Fait au Palais de Saint-Cloud, le 18 août 1866.

Signé : NAPOLÉON.

Par l'empereur :

Le ministre secrétaire d'État
au département de l'instruction publique,

Signé : V. DURUY.

XXXVI.

Décret organisant les cours de l'École des chartes.

Du 30 janvier 1869.

Napoléon, par la grâce de Dieu et la volonté nationale, empereur des Français, à tous présents et à venir, salut.

Sur le rapport de notre ministre secrétaire d'État au département de l'instruction publique,

Vu l'ordonnance du 31 décembre 1846,

Vu le décret du 18 août 1866,

Vu l'avis du Conseil de perfectionnement de l'École impériale des chartes,

Avons décrété et décrétons ce qui suit :

Art. 1er.

L'enseignement de l'École impériale des chartes comprend les cours suivants : Paléographie. — Langues romanes. — Bibliographie, classement des bibliothèques et des archives. — Diplomatique. — Institutions politiques, administratives et judiciaires de la France. — Droit civil et droit canonique du moyen âge. — Archéologie du moyen âge.

Art. 2.

Ces cours sont répartis ainsi qu'il suit entre les trois années d'études :

1re *Année.*

Paléographie, deux leçons par semaine. Langues romanes, deux leçons par semaine. Bibliographie et classement des bibliothèques, une leçon par semaine.

2e *Année.*

Diplomatique, deux leçons par semaine. Institutions politiques, administratives et judiciaires de la France, deux leçons par semaine. Classement des archives, une leçon par semaine.

3e *Année.*

Droit civil et droit canonique du moyen âge, deux leçons par semaine. Archéologie du moyen âge, deux leçons par semaine.

Art. 2.

La division des professeurs en deux classes est supprimée.

Art. 3.

Notre ministre secrétaire d'État au département de l'instruction publique est chargé de l'exécution du présent décret.

Fait au Palais des Tuileries, le 30 janvier 1869.

Signé : NAPOLÉON.

Par l'empereur :
Le ministre secrétaire d'État
au département de l'instruction publique,
Signé : V. DURUY.

XXXVII.

La loi sur l'organisation départementale votée en 1871 porte ce qui suit :

Art. 45, § 3 : « Le Conseil général détermine les conditions auxquelles seront tenus de satisfaire les candidats aux fonctions rétribuées exclusivement sur les fonds départementaux, et les règles des concours d'après lesquels les nominations devront être faites. »

Les fonctionnaires visés dans ce paragraphe sont l'architecte, l'archiviste et les agents-voyers.

Le législateur annulait donc ainsi l'ordonnance du 31 décembre 1846, qui réserve, sans concours, les places d'archivistes de départements aux archivistes-paléographes. MM. Passy, de Kerdrel et Jules Simon réussirent à faire passer un amendement qui sauvegardait les droits de l'École.

L'amendement, proposé par M. Audren de Kerdrel et adopté par la Chambre, était ainsi conçu :

Sont maintenus néanmoins les droits des archivistes-paléographes tels qu'ils sont réglés par le décret du 4 février 1850.

Par suite d'une erreur dont l'origine n'a pas encore pu être éclaircie, le texte de la loi sur l'organisation départementale, tel qu'il a été officiellement promulgué, est ainsi conçu : « Sont maintenus néanmoins les droits des archivistes-paléographes, tels qu'ils sont réglés par l'ordonnance de 1833. »

L'erreur a été signalée dans une Circulaire du ministre de l'intérieur, relative à l'application de la loi départementale, circulaire qui a paru au *Journal officiel* du 21 octobre 1871 et dont nous citons le passage relatif aux archivistes :

« Aux règles et aux garanties nouvelles dont elle fait précéder la nomination des fonctionnaires exclusivement rétribués sur les fonds du budget, la loi du 10 août n'a fait qu'une exception. Pour le choix des archivistes, elle n'a pas voulu priver les élèves de l'École des chartes du droit de préférence qui leur a été accordé par la législation antérieure et qui leur semble d'ailleurs si justement acquis par la spécialité de leurs études. Aux termes de la disposition finale de l'article 45, les droits des archivistes-paléographes sont maintenus « tels qu'ils sont réglés par l'ordonnance de 1833. »

« Cette date, Monsieur le Préfet, ne doit pas être pour vous l'occasion d'un doute ou l'objet d'une recherche inutile. Il résulte clairement de la discussion à laquelle ce paragraphe a donné lieu, que l'Assemblée nationale a voulu réserver aux archivistes-paléographes le bénéfice de la situation exceptionnelle qui leur a été faite par le décret du 4 février 1850. L'article 1er de ce décret, dont le texte fut invoqué par l'auteur de l'amendement qui a prévalu, mais dont la date fut perdue de vue lors de la rédaction définitive de l'article 45, est conçu ainsi qu'il suit : « A « l'avenir, les archivistes départementaux devront être « choisis parmi les élèves de l'École des chartes, et, à « défaut, parmi les personnes qui auront reçu un certificat « d'aptitude délivré après examen par une commission que « le ministre de l'intérieur est chargé d'organiser. » Deux circulaires dont les dispositions vous sont connues (15 avril 1852 et 30 avril 1867) pourront, s'il y a lieu, être remises sous les yeux du Conseil général, qui, je le répète, devra, pour la désignation de l'archiviste, tenir compte du décret du 4 février 1850. »

Enfin la rectification suivante fut faite à l'Assemblée nationale, dans la séance du mardi 12 décembre 1871 :

M. le Président. — J'ai à faire à l'Assemblée une observation sur laquelle j'appelle son attention.

Le paragraphe 4 de l'article 45 de la loi sur les Conseils généraux provient d'un amendement de M. de Kerdrel, amendement qui a été proposé et adopté en ces termes :

« Sont maintenus néanmoins les droits des archivistes-paléo-graphes, tels qu'ils sont réglés par le décret du 4 février 1850. »

A la place de ces mots : « décret du 4 février 1850, » la loi, telle qu'elle a été expédiée et promulguée, porte : « Ordonnance de 1833. » C'est là, Messieurs, une erreur matérielle qui doit être rectifiée au moyen d'un *erratum* qui sera inséré au *Bulletin des Lois*.

J'ai pris l'avis du rapporteur de la commission; j'ai pris également l'avis du gouvernement, conformément aux précédents, et j'ai l'honneur de proposer à l'Assemblée de décider que la rectification sera faite (Oui! oui! — Très-bien!).

Je consulte l'Assemblée.

L'Assemblée, consultée, décide que la rectification sera opérée. Cf. le *Journal officiel* du 13 décembre 1871.

XXXVIII.

Arrêté ministériel relatif aux examens d'admission à l'École des chartes.

Du 24 juillet 1872.

Le ministre de l'instruction publique, des cultes et des beaux-arts,

Vu l'ordonnance royale du 31 décembre 1846;

Vu l'avis du Conseil de perfectionnement de l'École nationale des chartes, en date du 12 juillet 1872;

Arrête :

Art. 1. Le nombre maximum des élèves de première année de l'École des chartes est fixé à vingt.

Art. 2. Les aspirants au titre d'élève de l'École des chartes doivent être Français, bacheliers ès-lettres et âgés de moins de vingt-cinq ans révolus au 31 décembre de l'année qui précède leur inscription.

Art. 3. Ils sont nommés élèves de première année par arrêté ministériel, sur la présentation du Conseil de perfectionnement, à la suite d'un examen d'admission.

Art. 4. L'examen d'admission à l'École des chartes se compose d'une épreuve écrite et d'une épreuve orale.

10

L'épreuve écrite comprend une version latine, un thème latin, une composition sur l'histoire et la géographie de la France avant 1789.

L'épreuve orale porte sur l'explication d'un texte latin et sur l'histoire et la géographie de la France avant 1789.

Il sera, en outre, tenu compte aux candidats de la connaissance de l'allemand, de l'anglais, de l'espagnol ou de l'italien.

Art. 5. Nul ne peut subir l'épreuve orale, s'il n'a été déclaré admissible à la suite de l'épreuve écrite.

Art. 6. Après la dernière épreuve, le Conseil de perfectionnement, assisté des professeurs, arrête la liste des candidats à présenter à la nomination ministérielle.

Art. 7. Le registre d'inscription est ouvert au secrétariat de l'École, du 25 octobre au 5 novembre, de midi à 4 heures.

Les candidats doivent produire leur acte de naissance et leur diplôme de bachelier ès-lettres.

Les examens d'admission ont lieu dans les dix jours qui suivent la clôture du registre d'inscription.

Art. 8. Le président du Conseil de perfectionnement et le directeur de l'École nationale des chartes sont chargés, chacun en ce qui le concerne, de l'exécution du présent arrêté.

Fait à Paris, le 24 juillet 1872.

Jules SIMON.

XXXIX.

Extrait de la loi sur le recrutement de l'armée votée dans la séance du 27 juillet 1872.

Art. 20.

Sont, à titre conditionnel, dispensés du service militaire :

. . . .

. . . .

. . . .

4° Les élèves pensionnaires de l'École des langues orientales vivantes et les élèves de l'École des chartes, nommés après examen, à condition de passer dix ans, tant dans les dites écoles que dans un service public[1].

XL.

Décret portant règlement du concours pour la nomination des auditeurs de 2ᵉ classe au Conseil d'État. 14 octobre 1872, promulgué au *Journal officiel* du 15 octobre 1872.

. . . .

. . . .

Art. 5. Nul ne pourra se faire inscrire en vue du concours : 1° s'il n'est Français, jouissant de ses droits ; 2° s'il a au 1ᵉʳ janvier de l'année du concours moins de 21 ans ou plus de 25 ans ; 3° s'il ne produit, soit un diplôme de licencié en droit, ès-sciences ou ès-lettres, obtenu dans une des facultés de la République, *soit un diplôme de l'École des chartes,* soit.....

XLI.

Décret du président de la République relatif aux traitements d'expectative des archivistes-paléographes.

Du 29 août 1873.

Le président de la République française,

Sur le rapport du ministre de l'instruction publique, des cultes et des beaux-arts,

Vu l'article 18 de l'ordonnance royale du 31 décembre 1846, portant réorganisation de l'École des chartes,

1. Par arrêt du Conseil d'État du 2 février 1877, le présent article n'est applicable qu'aux élèves de l'École des chartes ayant tiré au sort depuis la promulgation de l'arrêté du 24 juillet 1872.

Vu le décret du 14 février 1851,

Vu les propositions du Conseil de perfectionnement de ladite École,

Décrète :

Article 1er.

Le crédit de trois mille six cents francs inscrit au budget pour traitement de six archivistes-paléographes à six cents francs sera réparti annuellement par le ministre de l'instruction publique, sur l'avis conforme du Conseil de perfectionnement de l'École des chartes, entre des archivistes-paléographes non pourvus d'emploi, qui, pour compléter leurs études, seront temporairement chargés de travaux de classement, d'inventaire ou de catalogue dans les divers dépôts d'archives ou de livres manuscrits.

Les archivistes-paléographes chargés de ces travaux en rendront compte au Conseil de perfectionnement qui en fera annuellement l'objet d'un rapport au ministre de l'instruction publique.

Article 2.

Le ministre de l'instruction publique, des cultes et des beaux-arts est chargé de l'exécution du présent décret.

Fait à Versailles, le 29 août 1873.

Signé : Maréchal DE MAC-MAHON.

Par le président de la République :
Le ministre de l'instruction publique, des cultes et des beaux-arts,

Signé : A. BATBIE.

SOCIÉTÉ

DE

L'ÉCOLE DES CHARTES.

La Société de l'École des chartes a été fondée en 1839 pour établir un nouveau lien de confraternité entre les anciens élèves de cette École, et publier un Recueil périodique consacré à l'étude de l'histoire et de la littérature d'après les documents originaux. La pensée et le titre de cette œuvre collective furent empruntés à l'ordonnance royale du 11 novembre 1829, qui régissait alors l'École des chartes, et dont une disposition, rapportée le 1er mars 1832, arrêtait que les travaux des élèves seraient imprimés aux frais de l'État dans un recueil intitulé *Bibliothèque de l'École des chartes.*

La Société, encouragée dès ses débuts par M. le ministre de l'instruction publique[1], adopta, dans sa séance du

---

1. Voici la lettre adressée par M. Villemain à la Société de l'École des chartes, le 6 juillet 1839 :

« Messieurs, j'ai lu avec un intérêt tout particulier la lettre que vous m'avez fait l'honneur de m'écrire, le 24 juin dernier, au sujet de l'Association que les élèves anciens et nouveaux de l'École des chartes ont cru devoir former.

« Les Associations littéraires ne peuvent avoir que d'heureux résultats, en servant à la fois à fortifier l'esprit des recherches utiles, et à prolonger entre des hommes distingués les relations commencées par des études communes. C'est

12 mars 1840, un Règlement, revisé en 1843, 1845, 1852, 1853 et 1854[1], dont toutes les dispositions ont pour but essentiel de conserver à la *Bibliothèque de l'École des chartes* le rang élevé qu'elle a su prendre parmi les publications savantes, et de lui assurer pour l'avenir des collaborateurs dignes de toute confiance.

Le nouveau Recueil, auquel plusieurs membres de l'Institut voulurent bien prêter l'appui de leur collaboration, fut accueilli avec faveur. « Jusqu'alors, en effet, rien « d'analogue n'avait encore paru. La publication intitulée « *Journal des Savants* embrasse trop d'objets divers pour « offrir quelque rapport avec l'œuvre dont nous allons « rendre compte. La même chose peut se dire de la fameuse « collection des *Mémoires de l'Académie des inscriptions et* « *belles-lettres*. Quant aux Revues qui depuis une vingtaine « d'années courent le public, ce sont des écrits plutôt litté- « raires que scientifiques, mieux faits pour délasser l'esprit « que pour donner des notions solides et complètes. En « promettant de se consacrer à des sujets nationaux, de ne « reproduire que des pièces inédites, la *Bibliothèque de* « *l'École des chartes* annonçait donc une exploration entiè- « rement neuve, et comme elle joignait à cela une forme « plus moderne que celle des autres productions savantes,

vous dire, Messieurs, que votre Association est assurée de mon estime et de tous mes vœux.

« Dans la lettre que j'ai sous les yeux, vous appelez avec instance mon atten- tion sur l'École des chartes elle-même : personne plus que moi n'est pénétré de l'importance de cet établissement, et je tiens à honneur de témoigner à l'École des chartes et à ses élèves l'intérêt bienveillant que vous réclamez pour eux. Je lirai, Messieurs, avec grand plaisir, la Notice que vous m'annoncez sur l'École des chartes, ses phases diverses et la condition des élèves admis dans son sein.

« Recevez, etc.

« Le Ministre de l'instruction publique,

« VILLEMAIN. »

1. Le Règlement modifié a reçu le nom de *Statuts*. Nous en donnons le texte ci-dessous p. 144.

« elle se montrait en tout point digne d'une institution
« créée dans l'intérêt des études historiques.

« Dans l'étude de l'histoire, la Société de l'École des
« chartes ne s'est pas montrée moins fidèle à ses pro-
« messes qu'en traitant les questions littéraires ou phi-
« lologiques. Les annales du pays ont été, avant tout, le
« sujet de ses travaux. Les pièces inédites, les matériaux
« qu'elle a mis en œuvre, les notices biographiques
« publiées par la Société, forment déjà une masse consi-
« dérable[1]. »

Nous avons pris ce témoignage au hasard parmi tous
ceux qu'à diverses reprises la presse française a rendus à
la *Bibliothèque de l'École des chartes;* nous pourrions aussi
invoquer le témoignage des savants les plus distingués de
l'Europe. Mais nous nous bornerons à rappeler, avec un
sentiment profond de reconnaissance, que, depuis trente-
sept années, notre Recueil n'a cessé de recevoir des marques
non équivoques de la bienveillance de tous les ministres
qui se sont succédé au département de l'instruction
publique, et il n'a pas peu contribué sans doute à assurer
à l'École une nouvelle organisation en 1846, et d'éloquents
défenseurs aux jours de danger.

La *Bibliothèque de l'École des chartes* est surtout consa-
crée à l'étude de l'histoire et de la littérature d'après les
documents originaux. L'histoire nationale, dans l'acception
la plus large et la plus compréhensive de ce mot, doit donc
y occuper la première place; mais les éditeurs n'oublient
pas cependant que l'École des chartes, établie pour explorer
le vaste héritage que le moyen âge a légué à nos bibliothèques et à nos archives, peut, sans faillir à l'esprit de
son institution, s'occuper des débris de l'antiquité classique,
et ils s'estiment heureux de pouvoir rencontrer quelque
fragment de la belle latinité sur ces mêmes feuillets où

---

1. *Moniteur universel* du 24 novembre 1845, 9 mars et 4 juillet 1846.

sont consignés l'histoire de nos pères et les premiers essais de notre littérature.

Chaque numéro de ce recueil contient des monuments inédits ou des travaux sur divers points de critique historique ou littéraire; un bulletin bibliographique destiné à l'examen des ouvrages les plus importants qui paraissent sur l'histoire, l'archéologie ou la philologie; une liste complète de tous les ouvrages de ce genre publiés dans toutes les parties du monde et dans toutes les langues; enfin, une chronique spéciale dans laquelle sont mentionnés les faits et les découvertes qui intéressent l'érudition.

STATUTS

DE LA SOCIÉTÉ DE L'ÉCOLE DES CHARTES [1]

(Adoptés dans la séance du 30 novembre 1854).

SECTION I.

But de la Société.

Art. 1er. — La Société de l'École des chartes a pour but de créer entre les anciens élèves de cette École une confraternité studieuse et de réunir leurs efforts pour la publication de mémoires et documents relatifs principalement à l'histoire de France au moyen âge.

---

1. Les Statuts, extraits en grande partie de l'ancien Règlement de la Société, en 36 articles, délibérés dans la séance du 29 décembre 1853, furent approuvés par le gouvernement, en même temps que la Société était reconnue comme établissement d'utilité publique, par Décret impérial en date du 29 août 1854, et adoptés définitivement par la Société dans la séance du 30 novembre suivant. (Ils sont imprimés dans la *Bibliothèque de l'Ecole des chartes*, 4e série, tome 1er, p. 92-94.) Dans la même séance, un nouveau Règlement intérieur comprenant les articles éliminés du Projet de statuts, qui en renfermait d'abord 25, fut discuté et voté par la Société. On le trouvera ci-après.

SECTION II.

Composition de la Société.

Art. 2. — Peuvent seuls être membres de la Société :
1° les archivistes-paléographes ; 2° les anciens élèves pensionnaires ou boursiers de l'École des chartes.

Art. 3. — Pour entrer dans la Société, il faut : 1° avoir fait recevoir un article destiné à être inséré dans son Recueil ; 2° être présenté par deux membres.

Art. 4. — L'admission ne peut avoir lieu qu'aux deux tiers des voix des membres présents et si le candidat a obtenu au moins douze voix.

Art. 5. — Les membres nouvellement admis n'ont voix délibérative dans les séances de la Société qu'un an après leur élection.

SECTION III.

Travaux et administration de la Société.

Art. 6. — La Société publie un recueil spécialement destiné aux travaux de ses membres et intitulé : *Bibliothèque de l'École des chartes.*

Art. 7. — Elle se réunit à des époques fixes qu'elle détermine.

Art. 8. — Elle est administrée par un Conseil qu'elle nomme et qui se compose : 1° du bureau ; 2° de la Commission de publication ; 3° de la Commission de comptabilité ; 4° de l'Archiviste-trésorier.

Art. 9. — Les membres du Conseil sont élus pour une année. Ils sont rééligibles.

Art. 10. — Le bureau de la Société se compose du Président, du Vice-président et du Secrétaire.

Art. 11. — Le Président dirige la Société et la représente. Il convoque, quand il le juge convenable, et préside la Société, le Conseil et les Commissions. — En cas de partage, sa voix est prépondérante.

Art. 12. — Le Secrétaire fait les convocations, rédige les

procès-verbaux des séances. Il est chargé de la correspondance.

Art. 13. — La composition et la direction littéraire du Recueil appartiennent exclusivement à la Commission de publication.

Art. 14. — La Commission de comptabilité contrôle la gestion de l'Archiviste-trésorier, autorise les dépenses ordinaires qu'occasionnent l'impression et l'envoi du Recueil, et donne son avis sur les autres dépenses qui doivent être votées par la Société.

Chaque année, le président de cette commission présente à l'approbation de la Société les comptes arrêtés par elle.

Art. 15. — L'Archiviste-trésorier est le comptable de la Société et le dépositaire de ses collections.

SECTION IV.

Dispositions générales.

Art. 16. — Aucune délibération, aucun vote ne peut avoir lieu dans les réunions de la Société, si le nombre des membres présents n'est pas de dix au moins.

Art. 17. — Le siége de la Société est fixé à Paris.

Art. 18. — Aucune modification ne pourra être apportée aux présents statuts que dans une assemblée générale convoquée spécialement.

Pour copie conforme à l'original (procès-verbal de la séance du 26 octobre 1854).

Le secrétaire de la Société de l'École des chartes,
A. BRUEL.

Les statuts de la Société de l'École des chartes, approuvés par décret impérial en date du 29 août 1854, ne peuvent être modifiés sans l'approbation du gouvernement.

RÈGLEMENT INTÉRIEUR

DE LA SOCIÉTÉ DE L'ÉCOLE DES CHARTES.

(Adopté dans la séance du 30 novembre 1854.)

Art. 1er. Pour entrer dans la Société, tout candidat doit préalablement adresser une demande par écrit au président.

Art. 2. Le vote sur l'admission a lieu à la séance qui suit celle où la présentation a été faite. — Les membres de la Société sont avertis dans les lettres de convocation. — Il est voté séparément et au scrutin secret sur chaque demande.

Art. 3. Chaque membre de la Société paie une cotisation annuelle de dix francs, et reçoit la *Bibliothèque de l'École des chartes*.

Art. 4. La Société se réunit en séance ordinaire le dernier jeudi de chaque mois.

Art. 5. En l'absence du Président et du Vice-président, le plus âgé des membres présents remplit les fonctions de président.

Le Secrétaire est remplacé, en cas d'absence, par le plus jeune des membres présents.

Art. 6. Le Conseil de la Société est juge des questions administratives d'urgence, et statue sur les cas imprévus qui leur sont soumis par le président. — Ses résolutions ont force de règlement jusqu'à décision ultérieure de la Société.

Art. 7. Le Secrétaire consigne les délibérations du Conseil sur le registre de la Société. Il en est rendu compte à celle-ci.

Art. 8. La Commission de publication se compose de cinq membres, savoir : trois membres ordinaires et deux suppléants.

Art. 9. Les membres suppléants entrent avec voix délibérative au Conseil de la Société; ils participent aux travaux de la commission; mais seulement avec voix consultative.—En cas d'absence d'un membre ordinaire, le membre suppléant le plus âgé le remplace avec voix délibérative dans le sein de la commission. — En cas de cessation définitive de fonctions, le membre suppléant le plus âgé est de droit membre titulaire.

Art. 10. La Commission de comptabilité se compose de trois membres.

Art. 11. Il est procédé au renouvellement intégral de la Société dans la séance ordinaire d'avril.

Art. 12. Les membres du bureau sont nommés par scrutins individuels, à la majorité absolue des suffrages, et à la majorité relative en cas de ballottage. A égalité de voix, le plus âgé est nommé.

Art. 13. Les membres de la Commission de publication sont nommés par scrutins de liste à la majorité des deux tiers au moins des voix. — Les membres suppléants sont nommés par un scrutin séparé.

Art. 14. Les membres de la Commission de comptabilité sont élus au scrutin de liste, à la simple majorité.

Art. 15. L'Archiviste-trésorier est élu à la simple majorité.

Art. 16. La Commission de publication et la Commission de comptabilité nomment leurs présidents à leur première séance.

Art. 17. Les Commissions temporaires sont nommées aux séances de la Société par le Président, à moins que trois membres n'en réclament la formation par la voie du scrutin.

Art. 18. Le rapport annuel du président de la Commission de comptabilité est fait à la séance ordinaire du mois de novembre. — Il comprend l'état détaillé de l'actif et du passif de la Société.

Art. 19. Dans chaque séance ordinaire de la Société, la

commission de comptabilité fait connaitre, par l'organe d'un de ses membres, l'état de la caisse.

Art. 20. Aucune modification ne pourra être apportée au présent règlement que dans une assemblée générale convoquée spécialement.

Pour copie conforme à l'original (Procès-verbal de la séance du 30 novembre 1854).

Le secrétaire de la Société de l'École des chartes,

A. BRUEL.

RÈGLEMENT

SUR LES TIRAGES A PART DE LA BIBLIOTHÈQUE DE L'ÉCOLE DES CHARTES,

(Adopté dans la séance du 29 janvier 1874.)

Art. 1er. — La publication dans la *Bibliothèque de l'École des chartes* de Mémoires ou de Documents donnera droit à l'auteur à un tirage à part gratuit de cinquante exemplaires, avec pagination distincte.

Art. 2. — Les titre et couverture imprimés et en général tous les remaniements, autres que ceux nécessités par la réimposition, seront à la charge des auteurs.

Art. 3. — Chaque exemplaire devra porter la mention : « *Extrait de la Bibliothèque de l'École des chartes.* »

Art. 4. — Les demandes de tirage à part devront être adressées au président du Comité de publication.

Art. 5. — Les tirages à part ne seront remis aux auteurs qu'après la publication de la livraison d'où ils sont extraits.

Art. 6. — Les tirages à part pourront être mis en vente par les auteurs.

Art. 7. — Le présent règlement aura un effet immédiat.

Pour copie conforme à l'original :

Le secrétaire de la Société de l'École des chartes,

A. BRUEL.

RÈGLEMENT

SUR LE VERSEMENT FACULTATIF DU CAPITAL DES COTISATIONS.

(Adopté dans les séances du 26 février 1874 et du 28 décembre 1876.)

Art. 1er. Chaque membre de la Société de l'École des chartes peut se libérer de sa cotisation annuelle au moyen du versement d'une somme de deux cents francs, une fois payée.

Art. 2. Les sommes provenant de ce mode de paiement sont acquises à la Société et employées en achat de rente trois pour cent sur l'État français.

Pour copie conforme à l'original :

Le secrétaire de la Société de l'École des chartes,

A. BRUEL.

LISTE ALPHABÉTIQUE

DES MEMBRES DE LA SOCIÉTÉ DE L'ÉCOLE DES CHARTES,

Au 1er octobre 1878.

Achard (F.).
Alleaume de Cugnon (C.).
André (F.).
Arbois de Jubainville (H. d').
Aubineau (L.).
Aubry-Vitet (E.).
Auger (E.).
Baillet (A.).
Barbier de la Serre (R.).
Barthélemy (A. de).
Bataillard (P.).
Beaucorps (M. de).
Beaurepaire (Ch. de).
Bémont (Ch.).
Berger (E.).
Bertrand (A.).
Bertrandy-Lacabane (M.).
Bessot de Lamothe (A.).
Blancard (L.).
Boca (L.).
Bonnardot (F.).
Bonnassieux (P.).
Bordier (H.).
Bourbon (G.).
Bouyer (A.).
Brièle (L.).
Bruel (A.).
Calmettes (F.).
Campardon (E.).
Casati (Ch.).
Castan (A.).
Cauwès (P.-L.).
Cerise (G.).
Chambure (H. de).
Chassaing (A.).
Châtel (E.).

Chauffier (L.).
Chazaud (A.).
Clairefond (M.).
Clédat (L.).
Cocheris (H.).
Cohn (A.).
Courajod (L.).
Cucheval-Clariguy (A.).
Daiguson (M.).
Dareste de la Chavanne (A.-C.).
Dareste de la Chavanne (R.).
David (L.-C.).
Delaborde (F.).
Delaville Le Roulx (J.).
Delisle (L.).
Deloye (A.).
Delpit (M.).
Demaison (L.).
Demante (G.).
Deprez (M.).
Desjardins (G.).
Dolbet (F.).
Douët d'Arcq (L.).
Dubois (G.).
Duchemin (V.-T.).
Dufour (Th.).
Dufourmantelle (C.).
Duhamel (L.).
Duplès-Agier (A.).
Dupont (E.).
Duval (L.).
Fagniez (G.).
Fanjoux (G.).
Faugeron (H.).
Favre (C.).
Finot (J.).
Flamare (L.-H. de).
Flammermont.
Fleury (P. de).
Floquet (A.).
Fontenay (H. de).
François Saint-Maur (E.-M.).
Gardet (J.-E.).
Garnier (E.).
Gastines (L. de).
Gauthier (J.).
Gautier (L.).
Giraud (A.).
Giry (A.).
Gossin (L.).

Grandmaison (Ch. de).
Gréa (A.).
Guérin (P.).
Guessard (F.).
Guiffrey (J.).
Guiguard (Ph.).
Guigue (C.).
Guilmoto (G.).
Havet (J.).
Hervieu (H.).
Himly (A.).
Joüon (F.).
Kerdrel (Audren de).
Krœber (A.).
Laborde (le marquis J. de)
La Borderie (A. de).
Lacabane (L.).
Lair (J.).
Lalanne (L.).
Laudy (A.).
Lasteyrie (R. de).
Lebeurier (P.-F.).
Lecaron (F.).
Lecoy de La Marche (A.).
Lefèvre (A.).
Lefoullon (A.).
Lelong (E.).
Lemonnier (H.).
L'Epinois (H. de).
Lespinasse (R. de).
Luce (S.).
Maître (L.).
Mandrot (B.).
Marchegay (P.).
Marion (J.).
Marsy (le comte A. de).
Martin (H.).
Marty-Laveaux (C.).
Mas Latrie (L. de).
Mas Latrie (R. de).
Maulde (R. de).
Merlet (L.).
Meunier du Houssoy (E.).
Meyer (P.).
Molard (F.).
Molinier (A.).
Montaiglon (A. de).
Montrond (M. de).
Morel-Fatio (A.).
Morelot (l'abbé S.).

Neuville (D.).
Normand (J.).
Pajot (L.).
Paillard (A.).
Paradis (l'abbé A.).
Paris (G.).
Pasquier (F.).
Passy (L.).
Pécoul (A.).
Pélicier (J.).
Pelletan (C.).
Périn (J.).
Port (C.).
Pougin (P.).
Prost (B.).
Quicherat (J.).
Raunié (E.).
Raymond (P.).
Raynaud (G.-Ch.).
Redet (L.).
Rendu (le baron A.).
Rendu (A.).
Richard (A.).
Richard (J.-M.).
Richou (G.).
Rimasson (J.).
Ripert-Monclar (le marquis F. de).
Rivain (C.).
Robert (U.).

Rocquain (F.).
Rosenzweig (L.).
Roulland (L.).
Roy (J.).
Rozière (E. de).
Saige (G.).
Saint-Mauris (le vicomte R. de).
Schneider (L.).
Sculfort (H.).
Senneville (G. de).
Sépet (M.).
Servois (G.).
Soury (J.).
Tardieu (A.).
Tardif (A.).
Tardif (J.).
Terrat (B.).
Tholin (G.).
Tranchant (C.).
Travers (É.).
Tuetey (A.).
Vaesen (L.).
Vaulchier du Deschaux (R.).
Vayssière (A.-L.).
Vétault (A.).
Villefosse (E. Héron de).
Villefosse (A. Héron de).
Viollet (P.).
Wey (F.).

OEUVRE DE SECOURS

DES

ANCIENS ÉLÈVES DE L'ÉCOLE DES CHARTES.

En 1874, la Société de l'École des chartes a pris l'initiative de la fondation d'une caisse de secours par les anciens élèves de l'École. Elle a, sur la proposition d'une commission spéciale nommée par elle, préparé un projet de statuts que son président, par une circulaire en date du 22 décembre 1874[1], a présenté à l'adhésion des anciens élèves.

Les adhérents réunis, le 19 janvier 1875, aux Archives nationales sous la présidence du président de la Société de l'École des chartes, ont constitué l'Œuvre de secours. Les statuts de l'Œuvre sont ainsi conçus.

STATUTS DE L'OEUVRE

DE SECOURS DES ANCIENS ÉLÈVES DE L'ÉCOLE DES CHARTES.

Art. 1er. Il est fondé une caisse de secours par les anciens élèves de l'École des chartes.

Art. 2. La caisse de secours est administrée par une commission de six membres.

Art. 3. Les membres de la commission sont nommés par l'assemblée générale des souscripteurs. Ils sont renouvelables par tiers

---

1. Cette circulaire a été reproduite au tome XXXV (année 1874) de la *Bibliothèque de l'École des chartes*.

chaque année. — Les membres à remplacer en 1875 et 1876 seront désignés par le sort.

Les membres sortants ne sont rééligibles qu'après un intervalle d'un an.

Art. 4. La commission se réunit toutes les fois que le président le juge opportun et, au moins, une fois par an, pour la préparation du compte annuel.

Le président de la commission a voix prépondérante dans ses délibérations.

Art. 5. Les délibérations de la commission sont secrètes.

Art. 6. La commission ne peut, dans les attributions de secours, engager l'avenir ni par conséquent accorder des secours sous forme de pension.

Art. 7. Les ressources de l'œuvre se composent : 1° du montant des souscriptions annuelles fixées à cinq francs; 2° des dons que la commission peut recevoir pour la caisse de secours.

Art. 8. Les souscripteurs peuvent se libérer de leurs cotisations annuelles au moyen du versement d'une somme de cent francs une fois donnée.

Art. 9. Le montant des sommes versées en capital et les excédants de recettes que l'assemblée générale des souscripteurs jugerait opportun d'immobiliser seront placés en titres au porteur de rentes françaises, d'obligations de chemins de fer garanties par l'État ou d'obligations du Crédit foncier de France.

Aucune aliénation de titres ne pourra être effectuée sans l'autorisation de l'assemblée générale.

Art. 10. Le trésorier de la commission devra remettre au président un bordereau sur papier timbré, signé de lui, indiquant avec leurs numéros : 1° les titres de rentes ou obligations appartenant à la caisse de secours; 2° s'il y a lieu, le carnet de dépôt des fonds disponibles, au cas où ce dépôt serait prescrit par la commission. — Le bordereau devra mentionner que les valeurs y désignées appartiennent à la caisse de secours.

Art. 11. La commission rend ses comptes annuellement à l'assemblée générale des souscripteurs.

Le compte annuel renferme l'indication des recettes et des dépenses sans mentions de noms et contient la nomenclature des titres appartenant à la caisse avec l'indication de leurs numéros.

Art. 12. Les souscripteurs se réunissent le dernier jeudi du mois de mai pour les élections et l'approbation des comptes.

Art. 13. Si la continuation de l'œuvre venait à être empêchée, les fonds et valeurs lui appartenant seraient attribués, en toute propriété, à la Société de l'École des chartes.

Art. 14. Les présents statuts ne pourront être modifiés qu'en assemblée générale des souscripteurs et après mention spéciale dans les convocations.

Le nombre des adhérents est aujourd'hui de 144.

Les membres de la commission administrative sont présentement : MM. Louis Douët-d'Arcq, président; Anatole de Barthélemy, trésorier; Pierre Bonnassieux, secrétaire; Édouard Garnier, Paul Viollet et Alexandre Bruel.

LISTE DES ANCIENS ÉLÈVES

DE L'ÉCOLE DES CHARTES.

CORRECTIONS, ADDITIONS ET CHANGEMENTS SURVENUS PENDANT L'IMPRESSION.

BABELON, promotion du 22 janvier 1878, attaché au cabinet des médailles, à la Bibliothèque nationale, à Paris.

BARBIER DE LA SERRE (Roger), conseiller référendaire à la Cour des comptes.

BARTHÉLEMY (Anatole de), membre de l'Institut archéologique de Rome.

BASTARD D'ESTANG. *Corr.*, promotion du 4 janvier 1847.

BOISSERAND (Dom.-Cl.). *Corr.*, promotion du 4 janvier 1847.

BOUTARIC (Edgard-Paul), décédé à Paris, le 17 décembre 1877.

CHÉRON (Paul), décédé en 1872.

DARESTE DE LA CHAVANNE (Rodolphe), membre de l'Académie des sciences morales et politiques.

DELAHAYE (Jules-Aug.), nommé archiviste de Loir-et-Cher.

DELAVILLE LE ROULX (J.), promotion du 22 janvier 1878.

DURIER (Charles), promotion du 22 janvier 1878, archiviste des Hautes-Pyrénées.

Durrieu (Paul), promotion du 22 janvier 1878.

Flammermont (Jules), promotion du 22 janvier 1878, archiviste de la ville de Senlis et du château de Chantilly.

Furgeot (Henri), promotion du 22 janvier 1878, auxiliaire aux Archives nationales.

Gauthier (Jules), nommé officier d'Académie (27 avril 1878).

Gautier (Léon), nommé officier d'Académie (29 décembre 1877).

Giry (Arthur), secrétaire de l'École des chartes.

Gossin (Léon). *Corr.*, promotion du 4 janvier 1847.

Guigue (Marie-Claude), archiviste en chef du département du Rhône et de la ville de Lyon, membre non-résident du Comité des travaux historiques.

Herbomez (Armand d'), promotion du 22 janvier 1878, archiviste des Basses-Pyrénées.

Hervieu (Henri), sous-préfet à Albertville (Savoie).

Himly (Auguste). *Corr.*, promotion du 4 janvier 1847.

Huron (E.-J.-M.). *Corr.*, promotion du 4 janvier 1847.

Janin (Eugène), décédé à Passy, le 18 décembre 1877.

La Rochebrochard (Henri Brochard de), *lisez* Louis-Henri-Marie.

Laudy (André), archiviste aux Archives nationales.

Leglay (Edward), ancien directeur de l'octroi de Paris, *lisez* ancien régisseur.

Leroux (Alfred), promotion du 22 janvier 1878.

Lot (Henri), décédé à Brunoy (Seine-et-Oise), le 27 avril 1878.

Marty-Laveaux (Charles). *Corr.*, promotion du 4 janvier 1847.

Mas Latrie (René de), chef de bureau au ministère de l'instruction publique, des cultes et des beaux-arts.

Maulde (René de), sous-préfet de Bernay.

Pajot (Léon), promotion du 22 janvier 1878.

Philipon (E.-P.-L.), promotion du 22 janvier 1878.

Port (Célestin), officier de l'Instruction publique (27 avril 1878).

Prost (Bernard), officier d'Académie (27 avril 1878).

Prudhomme (Auguste), archiviste de la ville de Marseille.

Raguenet (Octave), promotion du 22 janvier 1878.

Raunié (Émile), promotion du 22 janvier 1878.

Raymond (Paul), secrétaire général de la préfecture des Basses-Pyrénées.

Richard (Jules-Marie), nommé officier d'Académie (27 avril 1878).

Rivain (C.), archiviste aux Archives nationales.

Roy (J.), professeur à l'École des chartes.

Schweighæuser (Alfred). *Corr.*, promotion du 4 janvier 1847.

Tardif (Adolphe). *Corr.*, promotion du 4 janvier 1847.

Tholin (Georges), nommé officier de l'Instruction publique (27 avril 1878).

Vaesen (J.-F.-L.), archiviste-adjoint du département du Rhône et de la ville de Lyon.

Vétault (Alphonse), bibliothécaire-archiviste de la ville de Rennes.

Villefosse (Étienne-Héron de). *Corr.*, promotion du 4 janvier 1847.

TABLE.

ERRATUM.

Page 99, note 2, au lieu de p. 6, note 5, lisez : p. 7, note 1.

Ibidem, note 3, au lieu de p. 52, lisez : p. 107.

Imprimerie Gouverneur, G. Daupeley à Nogent-le-Rotrou.

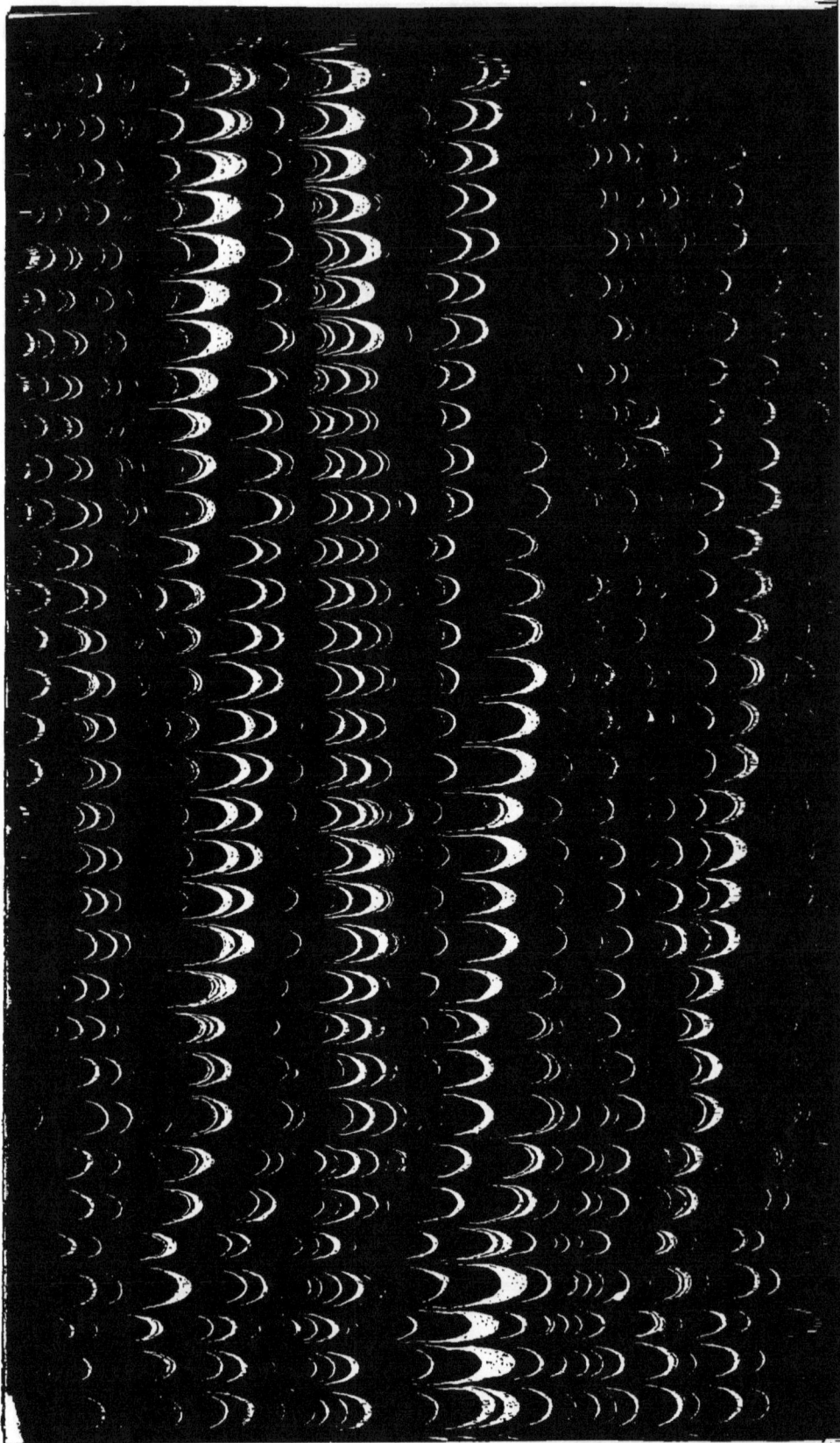

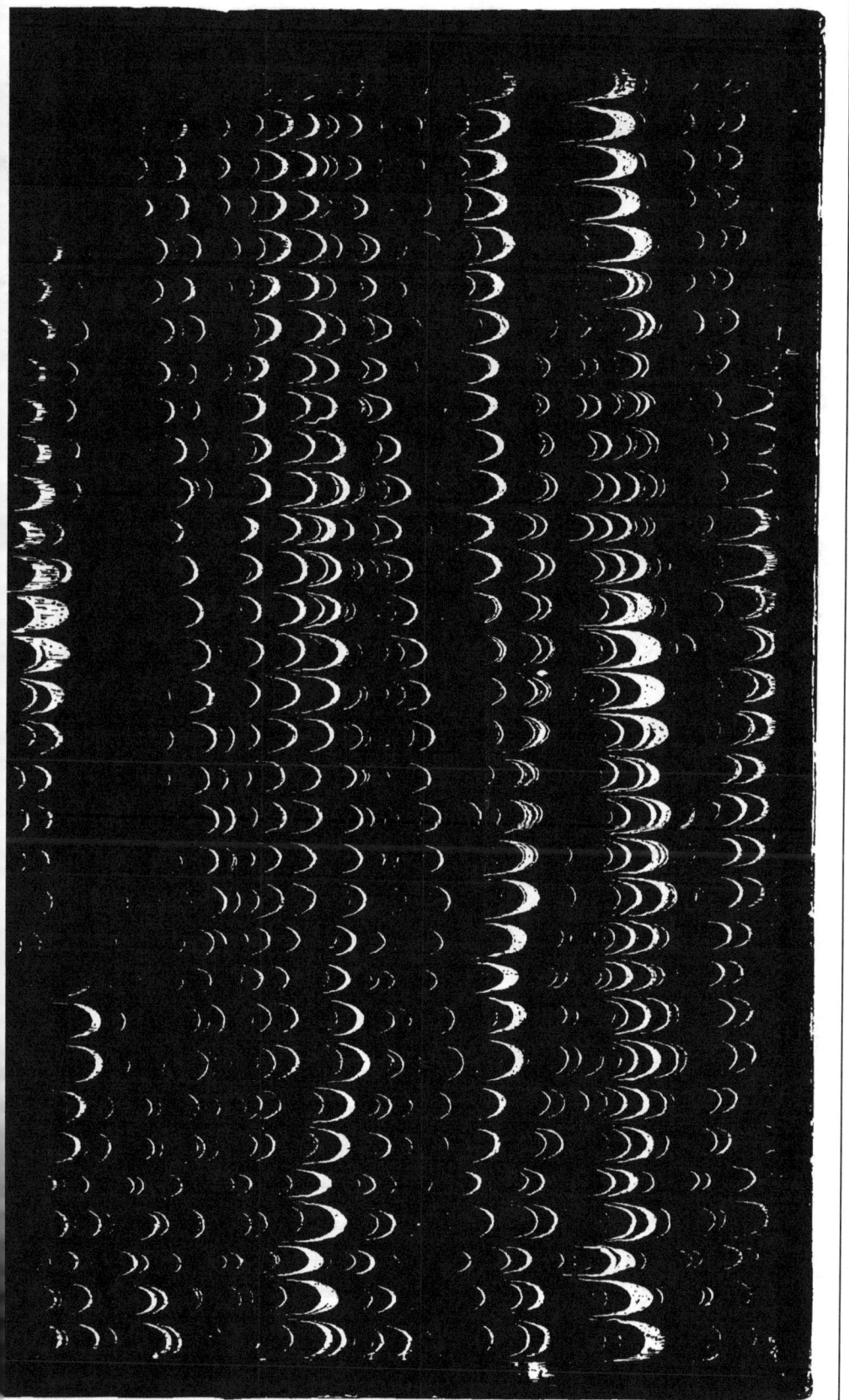

www.ingramcontent.com/pod-product-compliance
Lightning Source LLC
Chambersburg PA
CBHW072101080426
42733CB00010B/2175